GÄRTNERN FÜR AKTIVE RENTNER

GÄRTNERN NACH BILDERN

Praktische Tipps und Anleitungen

Benzstraße 56, 71272 Renningen, Deutschland

www.garant-verlag.de

ISBN 978-3-7359-1896-3

Komplettproducing: twinbooks, München
Text und Lektorat: Eva Hutter, Melanie Goldmann, Jana Lösch für twinbooks, München

GÄRTNERN FÜR AKTIVE RENTNER

GÄRTNERN NACH BILDERN

Praktische Tipps und Anleitungen

garant

Inhalt

Symbole

STANDORT

WASSERBEDARF

WUCHSHÖHE

BLÜTEZEIT

BEETART

VORSICHT

Vorwort

Gärtnern gehört für viele Menschen zu den schönsten Hobbys. Doch auch passionierte Hobbygärtner merken mit den Jahren: Gartenarbeit ist anstrengend. Je nach körperlicher Verfassung und der Größe des Grundstücks kann die Hege und Pflege der Pflanzen doch sehr beschwerlich sein. Es lohnt sich also, schon weit vor dem Ruhestand den eigenen Garten auf den Prüfstand zu stellen: Was kann ich umgestalten und wie mache ich mir die Arbeit leichter? In diesem Ratgeber erfahren Sie Wissenswertes zu pflegeleichten Pflanzen, entdecken viele kräftesparende Tipps zum Anpflanzen von Kräutern und Gemüse und erhalten Anregungen für Balkon und Terrasse.

Aufgeben brauchen Sie die Gartenarbeit im Alter auf keinen Fall. So halten Sie sich geistig und körperlich fit und warum sollten Sie auch auf Ihr Gartenglück verzichten? Mit einem seniorengerechten Garten können Sie Ihrer Leidenschaft noch lange nachgehen. Und für schwere Arbeiten gibt es sicherlich Menschen in Ihrer Nähe, die Ihnen gerne behilflich sind.

Übrigens wird Gartenarbeit nicht umsonst immer häufiger als Therapie bei verschiedensten Krankheiten eingesetzt. Wer tatkräftig „buddelt", profitiert neben der körperlichen Betätigung auch von der wohltuenden Mischung aus Luft, Licht, Sonne und Farben. Und auch das Herz-Kreislauf-System wird unterstützt. Gartenarbeit vermindert zudem Stress und selbst das Atemvolumen erhöht sich. Das liegt daran, dass man draußen instinktiv tiefer durchatmet. Gespräche über den Gartenzaun fördern soziale Kontakte und schließlich lässt sich mit selbst angebautem Obst und Gemüse der Speisezettel saisonal ausgewogen und vitaminreich ergänzen. Nicht zuletzt soll der Kontakt mit Gartenerde auch die Ausschüttung des Glückshormons Serotonin fördern. Viele Gründe also, Balkon, Terrasse und Garten auch im Alter nicht brach liegen zu lassen, sondern aktiv zu nutzen.

GRUNDLAGEN

Gartenglück bis ins hohe Alter

Ob säen, pflanzen oder ernten: Die tägliche Gartenarbeit sorgt für Glücksmomente und ist wohltuend für den Körper. Mit geschickter Planung, pflegeleichten Pflanzen und praktischen Gartengeräten rüsten Sie Ihren Garten optimal für den Ruhestand. So können Sie ihn weiterhin als lieb gewonnenen Ort der Entspannung erleben. Denn schließlich soll die Freude und nicht die Mühe überwiegen. Passen Sie Ihren Garten deshalb Ihrer körperlichen Verfassung an und erfreuen Sie sich weiterhin an Ihrem Hobby.

Auch im Ruhestand gibt es keine Langweile. Denn mit dem wohlverdienten Ende des Arbeitslebens ist endlich Zeit für all die Dinge, die bisher zu kurz kamen. Gärtnern ist ein beliebtes Hobby, das körperlich und geistig fit hält. Wenn Sie bereits vor Ihrem Ruhestand einen eigenen Garten bewirtschaftet haben, wird Ihnen die Umstellung jetzt nicht schwerfallen. Aber auch für Neueinsteiger ist Gärtnern ein interessantes Hobby im Alter. So verbringen Sie viel Zeit an der frischen Luft, tanken in der Sonne Vitamin D und bereichern Ihren Speiseplan mit frischen Salaten, Kräutern & Co. Bei ausgedehnten Pausen können Sie Ihre getane Arbeit bewundern und in Ihrer blühenden Ruheoase neue Kraft schöpfen.

DEN GARTEN SENIORENGERECHT PLANEN UND UMGESTALTEN

Gärtnern macht Freude und ist gesund, dennoch passieren jedes Jahr zahlreiche Gartenunfälle. Oftmals werden die körperliche Belastung und die Unfallgefahren unterschätzt. Denn nicht nur im Haus, auch im Garten gibt es so manche Stolperfalle. Daher ist es ratsam, schon vor dem Rentenalter den Garten pflegeleichter umzugestalten. Vor allem bereits vorhandene körperliche Einschränkungen sollten dabei bedacht werden. Tisch-/Hoch- und Bankbeete erleichtern das Säen, Pflanzen und Unkrautjäten. Das ständige Bücken und In-die-Knie-Gehen wird so vermieden. Pflegeintensive Pflanzen sollten besser gemieden werden. Und wenn Sie gerne Obst essen, können Sie das natürlich auch selbst anbauen. Eine Überlegung wert ist es, ob Sie auch in den nächsten Jahren die Pflege der Obstbäume und die Ernte sicher bewältigen können. Haben Sie keine zuverlässigen Helfer zur Hand, sind Beerenbüsche oder Spalier- und Säulenobst die bessere Alternative zu Hochstamm-Bäumen.

STOLPERFALLEN VERMEIDEN

Was Sie in der Wohnung oder im Haus seniorengerecht umgestalten, gilt im Grunde auch für den Garten. Vermeiden Sie möglichst Barrieren und Höhenunterschiede. Schon allein durch das Anlegen neuer Gartenwege und durch eine andere Wegführung können Sie dies bereits erreichen. Zusätzlich bieten sich breitere Wege mit Wendemöglichkeiten für Rollator und Schubkarre an. Der Bodenbelag für Wege und Terrassen sollte griffig und rutschfest sein. Kies und unebene Pflasterwege werden durch gut begeh- und befahrbare Plattenwege ersetzt. Damit Sie auch in der Dämmerung Stolperfallen erkennen, ist eine gute Beleuchtung rund ums Haus und im Garten angebracht. Denken Sie hier insbesondere an die Wege zwischen Garten- und Haustüre sowie an Treppen. Für Gartenwege eignen sich Lampen mit blendfrei nach unten gerichtetem Licht. Eine hilfreiche Ergänzung sind Leuchten mit Bewegungsmeldern, die sich immer dann einschalten, wenn sich jemand nähert.

SITZPLÄTZE IM GARTEN: RUHEPOL IM SCHATTEN

Zum Ausruhen bieten sich je nach Größe des Gartens gut verteilte Sitzplätze an. Manchmal reicht schon eine stabile Bank, in anderen Fällen sind unterschiedliche Sonnen- und Schattenplätze sinnvoll. Gerade wenn es in den Sommermonaten sehr heiß ist, sind Sonnensegel und überdachte Plätze eine gute Möglichkeit, Schatten zu spenden. Wenn Sie Ihre duftenden Kräuter genießen möchten, legen Sie doch einfach in der Nähe der hoch gelegenen Kräuterbeete einen überdachten Sitzplatz an. Das ist ein Genuss für alle Sinne. Und mit bewegtem Wasser schaffen Sie zusätzliche Anreize. Zudem spendet es Kühle und sauerstoffreiche, feuchte Luft. Denkbar wären

GRÜNE RUHEOASE: *Der Garten ist für viele ihr „grünes Wohnzimmer“. Gemütliche Sitzplätze sind also ein Muss, um den Garten ausgiebig zu genießen. Im Seniorengarten sollten diese am besten über sorgfältig angelegte Wege barrierefrei erreichbar sein.*

kleine Wasserspiele, Springbrunnen mit Fontäne oder auch Sprudel- und Quellsteine. Bei viel Platz ist sogar ein kleines Wasserbecken zum Kneippen vorstellbar.

GARTENPLAN ERSTELLEN

Den Garten neu zu planen kann viel Spaß machen. Notieren Sie sich Ihre Wünsche, holen Sie sich Anregungen aus Zeitschriften und besuchen Sie in Ihrer näheren Umgebung andere Gartenbesitzer am Tag der offenen Gärten. Hier können Sie sich mit den Besitzern persönlich unterhalten, profitieren von deren Erfahrungen und bekommen oft wertvolle Tipps. Einen bestehenden Garten sollten Sie nicht komplett neu anlegen, sondern eher behutsam umgestalten. Machen Sie zunächst eine Bestandsaufnahme und skizzieren Sie dann einen Gartenplan. Dazu müssen Sie nicht gut zeichnen können, es reicht eine einfache Draufsicht aus der Vogelperspektive, sodass Sie Gartenhaus, Wege, Sitzbänke, Beete usw. gut erkennen. Denken Sie hierbei nicht nur an die Optik, sondern vor allem daran, dass der Garten gut zu pflegen und vor allem praktisch ist. Möchten Sie Wasser- und Stromleitungen z. B. für eine automatische Bewässerung neu verlegen, sollten Sie das ebenfalls bei Ihrem Plan bedenken. Nachträglich lässt sich das nur mit größerem Aufwand bewerkstelligen. Berücksichtigen Sie hierbei aber auch Ihr Budget.

AUF PFLEGELEICHTE PFLANZEN SETZEN

Setzen Sie auf standortgerechte, regional bewährte Pflanzen, die gegen Krankheiten und Schädlinge resistent sind. Diese machen weniger Arbeit, aber umso mehr Freude. Mit der richtigen Pflanzenauswahl können Sie Ihre Arbeit schon um ein Vielfaches verringern. Trennen Sie sich von pilzanfälligen Rosen, Formschnittgehölzen und pflegeintensiven Rasenflächen. Für letztere lohnt sich eventuell auch die Anschaffung eines Mähroboters. Stauden sollten Sie möglichst flächig pflanzen, sodass sich eine geschlossene Pflanzendecke entwickelt. Das unterdrückt Unkraut und spart Ihnen mühseliges Jäten. Auch Mulchen lohnt. Eine Schicht aus Mulch hält unerwünschte Wildkräuter fern und sorgt gleichzeitig dafür, dass der Boden nicht zu schnell austrocknet. Hohe Obstbäume sind recht aufwendig bei Pflege und Ernte, leichter haben Sie es hier mit Säulenobst. Dank der schlanken Baumform lässt sich das Obst gut und ohne Anstrengung pflücken.

THEMENGÄRTEN: INDIVIDUELL UND FARBENFROH

Gut geplante und pflegeleichte Themengärten begeistern mit individuellem Charme. Steingärten beispielsweise brauchen kaum Pflege und sind eine attraktive Mischung aus dekorativen Steinen und typischen Steingarten-Pflanzen wie Hauswurz, immergrüner Mauerpfeffer, Storchschnabel oder Heidenelke. Sie eignen sich für Hänge und Schräglagen, aber auch für flache Bereiche. Ebenso empfehlenswert sind Kiesgärten oder -beete. Sie strahlen ganz nach ihrem Vorbild der asiatischen Zen-Gärten Ruhe und Entspannung aus. Bei vollsonnigen Standorten kommt auch ein Präriegarten infrage. Er ähnelt im Stil einem Naturgarten und bringt einen Hauch von Amerika ins Beet. Präriestauden sind sehr pflegearm und müssen kaum zusätzlich gewässert werden. Auch für schattige Ecken gibt es schöne Pflanzen. Damit es auch dort grünt und blüht, wählen Sie z. B. Bodendecker, die Ihre Rabatten verschönern und ganze Teppiche bilden. Viele dieser Sorten benötigen weder viel Wasser noch viele Nährstoffe und sind außerdem wintergrün. Schattige Nischen bieten sich zudem wunderbar für Dekoelemente an. Auch Nistkästen für Vögel lassen sich dort optimal platzieren.

Die richtige Planung

Die richtige Planung

Damit Ihr Garten auch in Zukunft mehr Freude als Arbeit bringt, ist es ratsam, etwas Zeit in die Planung zu investieren. Denn wie Sie Ihren Garten bewältigen können, hängt unter anderem von Ihren körperlichen Möglichkeiten ab. Auch die Gestaltung und Bepflanzung spielt eine wichtige Rolle.

TIPP

» Die Gartenumgestaltung sollte schrittweise erfolgen: Ist-Zustand feststellen, Soll-Zustand formulieren, Prioritäten setzen, neuen Gartenplan erstellen und Zeitplan festlegen. «

Einen Garten seniorenfreundlich zu gestalten heißt im Grunde, ihn bequemer zu machen. Auch wenn Sie sich heute noch äußerst fit fühlen, hilft ein realistischer Blick in die Zukunft. Wenn Sie Ihren Garten an Ihre eigenen Bedürfnisse anpassen, werden Sie auch in Zukunft die Lust am Gärtnern nicht verlieren.

GARTENBEREICHE DEFINIEREN

Oftmals genügen schon kleine Änderungen und die Umgestaltung von Teilbereichen. Beim Neuanlegen eines Gartens sollten Sie folgende Überlegungen mit einbeziehen: Was sind Ihre Lieblingsbeschäftigungen im Garten? Haben Sie einen bestimmten Gartenstil, den Sie bevorzugen? Möchten Sie frisches Obst und Gemüse ernten? Wie viele Personen werden den Garten und die Erträge nutzen? Möchten Sie einen Gartenbereich für Tiere wie Kaninchen oder Hühner einrichten? Wo sind Sonnen- und wo Schattenplätze? Machen Sie sich zunächst eine Wunschliste, wie Ihr Traumgarten aussehen könnte und was Sie dort alles verwirklichen möchten. Paare machen am besten getrennte Listen und gleichen diese später miteinander ab. Danach geht es an die Realisierung. Definieren Sie bestimmte Gartenbereiche für Blumen, Gemüse, Kräuter & Co. und denken Sie auch an Schattenecken für die Mittagsruhe oder eine Lieblingsecke, um die Abendstunden gemeinsam zu genießen. Wenn Sie alles in einen Plan einzeichnen, können Sie sich das Ganze besser vorstellen.

HILFSMITTEL UND WERKZEUGE PRÜFEN

Machen Sie eine Werkzeuginventur und erweitern Sie eventuell Ihre Werkzeugpalette. Benutzen Sie hochwertiges Werkzeug und ergonomische Gartengeräte. Sie zeichnen sich durch bessere Handhabung aus und entlasten die Gelenke. Rutschfeste Übergriffe für Werkzeugstiele sorgen beispielsweise für sicheren Halt. Auch längenverstellbare Geräte- und Teleskopstiele sind praktisch und schonen den Rücken. Mit einem Rollhocker oder einem Kniesitz-Hocker werden unvermeidbare Arbeiten am Boden bequemer, Rücken und Knie werden durch das Arbeiten im Sitzen geschont. Rolluntersetzer für Kübel erleichtern den Transport. Auch Handwagen und zweirädrige Schubkarren sind zum Transportieren von Werkzeug oder unhandlichen Gegenständen äußerst praktisch.

Identifizieren Sie arbeitsintensive Gartenbereiche wie z. B. große Hecken oder Formschnittgehölze, die einen regelmäßigen Schnitt benötigen, und verkleinern Sie diese Bereiche auf ein Minimum.

1 Auf große Hecken verzichten

2 Barrierefrei gestalten

Ist Ihr Garten barrierefrei? Planen Sie hier vorausschauend, damit Sie alle Ihre Gartenbereiche auch in späteren Jahren gut erreichen und optimal nutzen können.

3 Gut erreichbare Sitzbereiche schaffen

Berücksichtigen Sie bei Ihrer Gartenplanung auch gut erreichbare und bequeme Sitzbereiche, die einen ausladenden Blick auf den Garten zulassen. Sonnenschutzvorrichtungen wie Markise oder Sonnensegel nicht vergessen!

NATURTEICH

Für viele ist ein Gartenteich ein lang gehegter Traum. Möchten Sie sich diesen erfüllen, sollten Sie auf einen Naturteich setzen. Er wird durch Wasserpflanzen gereinigt, während man ihn in Ruhe altern lässt. Alle paar Jahre muss der Teichschlamm entfernt werden, um ein Verlanden zu verhindern. Auf einen pflegeintensiven Fischteich sollten Sie dagegen verzichten.

Große Obstbäume gehören mitunter zu den pflegeintensivsten Gartenbewohnern. Schnitt und Ernte können im Alter oftmals nicht mehr geleistet werden. Gerade Schnittarbeiten sollten Sie dann Profis überlassen.

4 Große Obstbäume

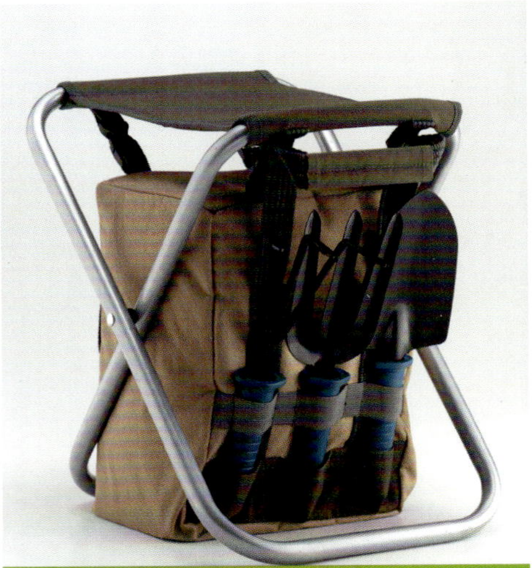

5 Praktische Helfer besorgen

Es gibt im Handel zahlreiche praktische Gartenhelfer fürs hohe Alter wie z. B. Klapphocker oder Kniebänke. Informieren Sie sich und rüsten Sie sich vorsorglich mit dem einen oder anderen Helfer aus.

HILFE BEI DER APFELERNTE

In vielen Städten gibt es immer mehr Initiativen, um Obstbaumbesitzer mit Erntehelfern zusammenzubringen. Diese dürfen dann die geernteten Früchte für den eigenen Verbrauch behalten. Solche Apfelpartnerbörsen finden sich z. B. im Internet. Oder Sie fragen bei Ihrem örtlichen Seniorenbeirat nach, ob aktuell derartige Initiativen geplant sind.

6 Werkzeug erneuern

Zu einer guten Planung gehört auch eine umfassende Begutachtung Ihres Gartenwerkzeugs. Verrostete oder beschädigte Werkzeuge sollten Sie entsorgen und mit ergonomischen Alternativen ersetzen.

Körperlich anspruchsvolle Bereiche wie Gemüsebeete, die ein häufiges Bücken und Knien erfordern, sollten Sie umgestalten oder so klein wie möglich halten. Beete am Boden können Sie z. B. durch Hochbeete ersetzen.

7 Körperlich anspruchsvolle Bereiche umgestalten

8 Platz schaffen

Legen Sie alle Gartenbereiche wie z. B. Gemüse- und Blumenbeete so an, dass Sie auch um die Beete herum genügend Platz für Klapphocker, Kniebänke, Rollator oder Rollstuhl haben.

Besitzen Sie schon einen großen Gemüsegarten, sollten Sie sich mit dem Gedanken an eine Verkleinerung der Anbaufläche anfreunden. Auch bei einer Neuanlage gilt: klein, aber fein.

9 Große Anbauflächen verkleinern

WANN SOLLTE MAN AM BESTEN MIT DER UMGESTALTUNG BEGINNEN?

Die Umbauarbeiten zum altersgerechten Garten sollten Sie dann durchführen, wenn Sie körperlich noch gut in der Lage sind, die aktuelle Gartenarbeit zu erledigen. Denn gerade der Umbau zum Seniorengarten kann noch einmal viel Arbeit erfordern: Beete müssen angelegt, Hochbeete gebaut oder Wege neu verlegt werden.

Die richtige Pflanzenwahl

Die richtige Pflanzenwahl

Durch geschickte Pflanzenwahl ersparen Sie sich viel Pflegeaufwand. Achten Sie auf langlebige, genügsame und blühfreudige Pflanzen. Alte Obst- und Gemüsesorten haben sich an die regionalen Klimabedingungen gut angepasst und versprechen reiche Ernte. Zudem zeigen sie sich robust gegenüber Krankheiten.

AUF DIE AUSWAHL KOMMT ES AN

Manche Pflanzen mögen einen sonnigen Standort, andere fühlen sich im Schatten wohler. In Ihrem Gartenplan sollten Sie Sonnen- und Schattenplätze bereits eingezeichnet haben, nun geht es an die Pflanzenauswahl. Wenn Sie die Standortvorlieben beachten, ist das bereits der erste Schritt zu gesunden und robusten Pflanzen. Krankheiten und Schädlinge haben so weniger Chancen. Welche Gehölze, Gemüse und Kräuter in Ihrer Region besonders gut gedeihen, wissen Sie entweder aus Ihrem eigenen Erfahrungsschatz oder Sie greifen auf das Wissen nahe gelegener Gartenbaubetriebe zurück. Langjährige Hobbygärtner wissen zudem, dass der Boden (Bodenanalyse!) und der Pflanzzeitpunkt wichtig für gutes Wachstum sind. Kaufen Sie nur gesunde und qualitativ hochwertige Ware – das zahlt sich später aus. Zum einen gedeihen Ihre Pflanzen besser, zum anderen müssen Sie sich weniger über eventuelle Krankheiten und Schädlinge ärgern. Nehmen Sie sich zum Pflanzenkauf ausreichend Zeit und lassen Sie sich in Gärtnereien beraten. Achten Sie bei der Auswahl geeigneter Pflanzen auf gesunde, unverletzte Triebe und Wurzeln, frische Farben und nicht zuletzt auf die Blätter. Sie sollten weder vertrocknet noch eingerollt sein. Zeigen sich auf den Blattunterseiten schwarze Beläge, kann das auf Blattläuse hinweisen. Diese Pflanzen lassen Sie besser stehen!

PFLANZENWAHL LEICHT GEMACHT

Für Ihren Garten brauchen Sie genügsame, widerstandsfähige und ertragreiche Pflanzen. Achten Sie schon beim Kauf auf die Sorte und wählen Sie pilz- und mehltauresistente Pflanzen. Viele Pflanzen sind unkompliziert und lassen sich zudem gut miteinander kombinieren. Dazu gehört z. B. der Storchschnabel, der sehr blühfreudig ist und ohne große Pflege auskommt. Auch Taglilien machen wenig Arbeit und sind in vielen Blütenformen und Farbtönen erhältlich. Zu den widerstandsfähigen Stauden gehört auch die Fetthenne. Sie mag keine Staunässe, ansonsten können Sie mit ihr kaum etwas falsch machen. Überhaupt zählen Stauden zu den pflegeleichten Pflanzen, die sich in Ihren Gartenbeeten sehr dekorativ ausnehmen. Zudem sparen Sie sich mit der Zeit das Unkrautjäten, wenn das Staudenbeet gut eingewachsen ist. Einen guten Kontrast zu Stauden bietet das Chinaschilf.

TIPP

» Bei Obst und Gemüse richten Sie sich am besten nach regionalen Gepflogenheiten und verzichten auf Exoten. Statt großer Obstbäume empfehlen sich niedrige Obstbaumarten sowie Säulen- und Spalierobst. «

1 Boden-analyse

Eine Bodenanalyse im Labor klärt über pH-Wert, Nährstoffgehalt und -zusammensetzung auf. So wissen Sie ganz genau, welche Pflanzen sich in Ihrem Boden wohlfühlen und ob zusätzliche Düngergaben notwendig sind.

Mit einem Gartenplan bringen Sie Ordnung und Struktur in Ihre Gartenideen. Vermerken Sie im Plan Boden- und Lichtverhältnisse, um die passenden Pflanzen für den jeweiligen Standort auszuwählen.

2 Effektive Vorbereitung mit einem Gartenplan

PFLANZENGESTALT BEACHTEN: Bedenken Sie immer, wie groß die Pflanzen werden können, denn einige Staudenpflanzen und Gräsersorten können mit ihrem ausladenden Wuchs kleine Beete sprengen.

3 Die richtige Pflanzenwahl treffen

Haben Sie sich für einen Pflanzplan entschieden, geht es an die Pflanzenauswahl. Das Angebot ist groß, für den Seniorengarten bieten sich jedoch besonders pflegeleichte und genügsame Arten an.

4 Pflege-aufwand

Denken Sie beim Pflanzenkauf immer auch an den Pflegeaufwand der Pflanze. Schnell wachsende Gehölze benötigen regelmäßige Rückschnitte und auch wuchernde Pflanzen wie z. B. Bambus können viel Arbeit machen.

QUALITÄT ERKENNEN IM GARTENCENTER

Schon die Präsentation deutet auf Qualität hin. Wichtig sind Sauberkeit, gute Lichtverhältnisse und ein passendes Kleinklima.

5 Beraten lassen

Haben Sie sich für eine Pflanzenart entschieden, steht oft noch die Frage im Raum, welche Sorte es sein soll. Jedes Jahr kommen viele neue Züchtungen auf den Markt. Lassen Sie sich am besten im Gartencenter oder einer Gärtnerei beraten und wählen Sie krankheitsresistente, blühfreudige und genügsame Pflanzen.

6 Blätter prüfen

Nehmen Sie immer nur gesunde Pflanzen mit nach Hause. Begutachten Sie Ober- und Unterseite der Blätter und achten Sie auf Beläge, Flecken und Sporen.

Der nächste Blick sollte zum Wurzelballen gehen. Ein gutes Zeichen sind weiße Wurzelspitzen. Sind sie braun, matschig und riechen faulig, sollten Sie die Pflanze stehen lassen.

7 Wurzeln prüfen

Wenn es um die Blüten geht, sollten die meisten noch geschlossen sein. Viele Knospen versprechen zudem später eine üppige Blüte. Braune oder eingeschrumpelte Knospen sollte die Pflanze nicht aufweisen.

8 Blüten prüfen

EISHEILIGE ABWARTEN

Auch wenn es in März und April schon viele sonnige und warme Tage geben kann, sollte man sich beim Einpflanzen von frostempfindlichen Pflanzen unbedingt noch etwas gedulden. Oft kommt es nämlich in unseren Breitengraden Mitte Mai zu einem späten Frosteinbruch. Warten Sie also die sogenannten Eisheiligen ab, bevor Sie mit dem Einpflanzen loslegen.

Denken Sie beim Pflanzenkauf immer auch an den Pflanzzeitpunkt. Gehölze und Stauden können oft schon im Herbst gepflanzt werden, während zarte Blumen, Gemüse und Beerenobst erst im Frühjahr ins Beet kommen.

9 Pflanzzeitpunkt beachten

10 Robuste und wüchsige Rosensorten

Rosen gelten eher als pflegeintensiv, jedoch haben sich robuste Sorten wie ADR-Rosen bewährt. Auch Bodendeckerrosen sind eine gute Wahl.

Gartenarbeit im Jahreslauf

Gemüse vorziehen, Knollen setzen oder Laub harken: Jeden Monat gibt es im Garten etwas zu tun. So manche Dinge können Sie delegieren, aber auch mit der richtigen Organisation lässt sich der Aufwand ganz einfach reduzieren. Auch die Gartengeräte sollten dabei nicht vernachlässigt werden.

DAMIT FÄNGT ES AN

Im Januar ist Ruhezeit. Nur Gehölze und Decksträucher wie Haselnuss oder Holunder können an einem frostfreien Tag geschnitten werden. Diese Arbeiten können grundsätzlich gut delegiert werden oder in den Februar verschieben. Denn dann ist die Zeit für den Gehölzschnitt. Bäume und Sträucher befinden sich noch in der Ruhephase und es lässt sich gut beurteilen, wo ein Rückschnitt nötig ist. Wenn Sie sich diese Arbeiten nicht mehr zutrauen, können Sie einen professionellen Baumpfleger engagieren. Dann sind Ihre Gehölze in guten Händen und Sie können sich sicher sein, dass Bäume und Sträucher korrekt geschnitten werden. Im März ist der richtige Zeitpunkt, um Tomaten, Paprika und Kräuter im Haus vorzuziehen. Bei frostfreiem Boden lassen sich bereits jetzt die ersten Stauden pflanzen.

AB APRIL WIRD ES ARBEITSINTENSIV

Um den Garten neu zu gestalten, ist der April die beste Zeit. Alle Gehölze lassen sich jetzt gut pflanzen, auch empfindliche und immergrüne Pflanzen lassen sich jetzt umsetzen. Frostempfindliche Pflanzen werden erst nach den Eisheiligen – Mitte Mai – ins Freie gepflanzt. Weichholzige Pflanzen wie Hortensien und Rosen können beschnitten werden, wenn die Forsythienblüte beginnt. Haben Sie Rasen im Garten, gehört das Vertikutieren des trockenen Rasens zum Frühjahrsputz. Diese Arbeit können Sie auch delegieren, denn gerade das Vertikutieren per Hand ist recht mühevoll. So wird der Filz aus dem Boden geholt und die Wurzeln bekommen wieder Luft. Im Juni/Juli erleben Sie Ihren Garten in schönster Pracht. Jetzt ist ein guter Zeitpunkt für den Formschnitt von Hecken und ein zweiter Rückschnitt bei manchen Rosen fördert eine zweite Blütephase. Der Rasen muss nun regelmäßig gemäht werden. Hierfür können Sie ebenfalls Helfer anheuern. Zum Schutz vor Krankheiten und Schädlingen stärken Sie Ihre Pflanzen regelmäßig mit Pflanzenbrühen. Im August lassen sich Stauden teilen und Herbststauden pflanzen. Viele Gehölze haben im September/Oktober ihr Wachstum eingestellt. Immergrüne Pflanzen können nun umgesetzt werden. Außerdem ist es der passende Zeitpunkt, um Zwiebeln und Knollen zu setzen. Laub von gesunden Pflanzen kann – außer auf dem Rasen – liegen bleiben und bietet ein kuschliges Winterquartier für Tiere.

TIPP

» Denken Sie ab November an Frostschutz für Gehölze, Stauden und empfindliche Pflanzen. Beete können Sie mit Laub oder Reisig abdecken, Stauden mit einer Schilfmatte schützen. «

Im Januar und Februar werden viele Gehölze geschnitten. Am besten delegieren Sie den Baumschnitt, vor allem bei hohen Gehölzen, die Schnittarbeiten von der Leiter aus notwendig machen.

1 Baumschnitt im Januar und Februar

2 Gemüse vorziehen ab März

Ab März kann man mit dem Vorziehen von Gemüse beginnen. Da es viele pflegeleichte Sorten nur als Samen gibt, lohnt sich der Aufwand. Denn kräftige, resistente Sorten versprechen reiche Ernte bei weniger Arbeit.

3 Stauden und Gehölze ab März pflanzen

Ab März kann man mit dem Pflanzen von Gehölzen und Stauden beginnen. Legen Sie Ihr Staudenbeet komplett neu an oder bepflanzen Sie ein sehr großes Beet, sollten Sie die Arbeit aufteilen und nicht alles auf einmal erledigen.

GARTENARBEIT IM BLICK

Je nachdem, was Sie für Ihren altersgerechten Garten planen, verteilen sich viele Arbeiten über das gesamte Gartenjahr. Gerade im Frühjahr können sich die Aufgaben jedoch ballen. Am besten erstellen Sie einen Jahresplan, um den Aufwand im Blick zu haben. So können Sie auch rechtzeitig Hilfe organisieren.

WERKZEUG PFLEGEN

Im Herbst, nach den letzten Arbeiten, ist eine gute Zeit, seine Gartenwerkzeuge zu säubern und bei Bedarf zu fetten.

Neigt Ihr Rasen zum Verfilzen und Vermoosen sollten Sie ihn im Frühjahr vertikutieren. Bevor Sie die anstrengende Arbeit mit dem Rechen vornehmen, lohnt sich eine Investition in einen motorisierten Vertikutierer.

4 Nach dem Frost: Rasen vertikutieren

5 Rosenschnitt ab April

Auch im Frühjahr sind Schnittarbeiten zu erledigen. Um z. B. eine reiche Rosenblüte zu erhalten, sollten Sie jetzt Ihre Rosen zurückschneiden. Ergonomische bzw. elektrische Gartenscheren erleichtern die Schnittarbeit.

KRÄFTE EINSCHÄTZEN:

Gehen Sie bewusst mit Ihren Kräften um und planen Sie Ihre Gartenarbeit so, dass Ihre Kräfte dafür reichen und Sie mit der getanen Arbeit zufrieden sein können.

6 Hochbeet bepflanzen

Durch den Schichtaufbau im Hochbeet entsteht eine natürliche Wärme, die es möglich macht, schon Ende März/Anfang April mit dem Bepflanzen mit Gemüse und Kräutern zu beginnen.

7 Salat pflanzen

Ein pflegeleichtes Gemüsebeet ist das Salatbeet. Sorten wie Kopfsalat kommen im Frühjahr in die Erde, später folgen Batavia oder Eissalat, im Herbst haben dann Romana und Endivie ihren großen Auftritt.

8 Hecken trimmen im Juni und Juli

Im Juni und Juli sollten Sie die Hecken in Ihrem Garten trimmen. Kleine Arbeiten können Sie leicht mit einer klassischen Heckenschere erledigen. Für größere Arbeiten an Ihren Hecken sollten Sie auf eine elektrische Heckenschere zurückgreifen.

Wer sich im Frühjahr blühende Frühlingsblumen wie z. B. Tulpen wünscht, muss im Herbst die Blumenzwiebeln dafür setzen. Eine anstrengende Bückarbeit, die mit einem langstieligen Zwiebelpflanzer leichter von der Hand geht.

9 Blumenzwiebeln setzen im September und Oktober

10 Frostschutz mit Reisig und Zweigen

Ein effektiver und schneller Frostschutz für Ihre Beete ist das Abdecken mit Tannenzweigen. Diese erhalten Sie ganz unkompliziert, indem Sie sich dafür Abfallzweige von Weihnachtsbaumverkaufsständen besorgen.

Sichere Gartenarbeit

Sichere Gartenarbeit

Damit Sie Ihren Garten bis ins hohe Alter genießen können, sollten Sie sich einige Überlegungen machen, was Unfallrisiken und Barrierefreiheit betrifft. Rutschige Wege oder Treppen, schwer erreichbare Beete und wackelige Leitern haben im seniorengerechten Garten nämlich nichts zu suchen.

GUTE PLANUNG MACHT VIELES LEICHTER

Höhenunterschiede im Garten lassen sich mit Rampen überbrücken. Trockenmauern an der Terrasse dienen gleichzeitig als Sitzplatz, zudem lassen sich mit ihnen auch Niveauunterschiede im Garten ausgleichen. Schaffen Sie ausreichend Sitzmöglichkeiten zum Ausruhen, das kann auch eine witterungsfeste, ausreichend hohe Bank sein. So fällt das Aufstehen leichter. Für rückenschonendes Pflanzen und Ernten sind Tisch-, Hoch- und Bankbeete bestens geeignet. Hier können Sie im Stehen oder Sitzen arbeiten. Praktisch sind automatische Bewässerungssysteme, denn diese ersparen Ihnen das mühevolle Schleppen des Wassers mit der Gießkanne. Einige Systeme sollten Sie von Profis verlegen lassen, andere können Sie auch als Hobbygärtner selbst aufbauen.

SICHERHEIT GEHT VOR

Bevor Sie auf Leitern steigen, überprüfen Sie diese auf etwaige Sicherheitsmängel und achten Sie bei Stehleitern auf das Einrasten der Spreizsicherung. Überprüfen Sie vorher den festen und sicheren Stand der Leiter, ehe Sie hinaufklettern. Benötigtes Werkzeug stecken Sie am besten in einen dafür vorgesehenen Gurt oder in die Werkzeugweste. So haben Sie immer die Hände frei. Zum problemlosen Gießen von Blumenampeln empfiehlt sich ein Flaschenzug. Der moderne Pflanzenlift lässt sich mit einem Handgriff steuern und Sie können jederzeit problemlos gießen – ohne Leiter oder artistische Klettereinlagen.

BARRIEREFREIER GARTEN

Um die einzelnen Gartenbereiche zu verbinden, sind breite, rutschfeste Wege sinnvoll. Bewährt haben sich Hauptwege zwischen 1,2 Meter und 1,5 Meter Breite. So können Sie die Schubkarre leichter lenken und sich auch mit einem Rollator gut bewegen. Vermeiden Sie Steigungen, Stufen und Stolperstellen. Leuchten Sie die Wege mit hellen, blendfreien Lampen aus, vielleicht in Verbindung mit einem Bewegungsmelder. Outdoorleuchten sind auch als Solarlampen, ohne Stromanschluss, erhältlich. Denken Sie an einen stufenlosen Zugang zur Terrasse und verlegen Sie bei Bedarf rutschfeste Terrassenplatten mit schmalen Fugen. Müssen Sie Treppen überwinden und lässt sich das nur mit großem Aufwand umgestalten, sind stabile Geländer und gummierte Handläufe sinnvoll.

TIPP

» Wenn ein Mähroboter Ihnen das Rasenmähen erleichtern soll, ist es sinnvoll, Mähkantensteine als Rasenbegrenzung oder Beeteinfassung zu verlegen. «

1 Bänke für Ruhepausen

Vor allem in einem großen Garten sollten Sie strategisch gut verteilte Sitzgelegenheiten einrichten. So können Sie während der Gartenarbeit immer wieder einmal eine wohlverdiente Pause einlegen.

Ein seniorengerechter Garten sollte natürlich so barrierearm wie möglich sein. Breite Wege mit einem rutschfesten Belag erleichtern die Erreichbarkeit und vermindern das Unfallrisiko.

2 Breite, rutschfeste Wege anlegen

PFLASTERSTEINE FÜR WEGE: Als gutes Material für rutschfeste Wege haben sich wasserdurchlässige Pflastersteine bewährt. Regenwasser kann so durch den Stein und die Fugen schnell ins Erdreich versickern.

3 Treppengeländer anbringen

Befinden sich in Ihrem Garten Treppen ohne Geländer, sollten Sie für die späteren Jahre Vorsorge treffen und ein stabiles Geländer anbringen. Auch Rampen sollten mit einem Geländer ausgestattet werden.

4 Trockenmauern

Stabile Trockenmauern lassen sich schön bepflanzen und dienen zugleich als bequeme Sitzgelegenheit.

DEN RÜCKEN SCHONEN

Gerade bei Gartenarbeit im Alter sollten Sie auf Ihre Rückengesundheit achten und Ihren Garten rückenfreundlich gestalten.

5 Arbeitsplatz ergonomisch einrichten

→ Richten Sie sich einen Arbeitsplatz im Garten ein, an dem Sie für Arbeiten wie Umtopfen oder Pikieren bequem stehen oder sitzen können. Idealerweise sollte dieser im Schatten liegen.

6 Rückenschonendes Hochbeet

↑ Ob für leidenschaftliche Gemüsegärtner oder für Blumenfreunde: Ein rückenfreundliches Hochbeet hat im seniorengerechten Garten besonders viele Vorteile.

↓ Noch haltungsschonender sind unterfahrbare Hochbeete. Hier kann man sogar auf einem Stuhl sitzend oder mit dem Rollstuhl frontal am Beet arbeiten.

7 Unterfahrbares Hochbeet

Beete sollten mit stabilen Einfassungen in einer auffälligen Farbe eingefasst sein. So sind die Begrenzungen auch im Dämmerlicht und bei Sehbehinderungen besser wahrzunehmen.

8 Saubere Beeteinfassungen

STOLPERFALLE GARTENSCHLAUCH

Bewässern Sie Ihren Garten mit dem Gartenschlauch, kann sich dieser schnell einmal zur gefährlichen Stolperfalle entwickeln. Und Stürze sind besonders im Alter zu vermeiden. Mit einem Schlauchwagen ist der Gartenschlauch immer gut verstaut. Auch automatische Bewässerungssysteme, vom Profi installiert, machen die Gartenarbeit nicht nur bequemer, sondern auch sicherer.

Auch zu später Stunde sollen Sie sich im Garten sicher bewegen können. Platzieren Sie an Wegrändern Solarlichter, die sich am Tag aufladen. Sie sind eine effektive und unkomplizierte Art, um den Garten zu beleuchten.

9 Für ausreichend Lichtquellen sorgen

10 Bewässerungssysteme installieren lassen

Automatische Bewässerungssysteme werden immer smarter: So können Sie sich Systeme mit Bewässerungscomputer vom Fachmann installieren lassen und das Wässern mit der Gießkanne gehört der Vergangenheit an.

Pflegeleichte Beete

Pflegeleichte Beete

Sie überlegen sich, Beete, die gut erreichbar und leicht zu pflegen sind, anzuschaffen? Hier gibt es eine beachtliche Auswahl: vom Hochbeet über das Tischbeet bis hin zum Kiesbeet. Für wenig Platz sind Hängebeete optimal. Statt am Boden gärtnern Sie hier bequem an der Wand.

KIESBEETE

Besonders pflegeleicht und optisch ansprechend sind kleine Kiesbeete. Sie eignen sich vor allem für Bereiche mit voller Sonne. Durch den Kies wird das Erdreich vor dem Austrocknen geschützt und Sie haben mit dem Gießen weniger Arbeit. Genügsame und robuste Gewächse wie der Rote Sonnenhut, aber auch Gräser fühlen sich hier besonders wohl. Wenn Sie mögen, können Sie sogar einen kleinen Bachlauf und eine Sitzbank in größere Kiesbeete integrieren.

KISTENBEETE, HOCHBEETE UND TISCHBEETE

Auch höher gelegte Beete sind pflegeleicht und schonen Ihren Rücken. Denn lästiges Bücken und die Arbeit auf den Knien entfallen hier. Hochbeete und Tischbeete können Sie fertig im Handel kaufen oder selbst zusammenbauen. Das gilt auch für die einfachen Kistenbeete. Diese punkten ebenfalls mit angenehmer Arbeitshöhe und lassen sich als abgeschlossene, kompakte Kästen frei im Garten oder auf der Terrasse aufstellen. Sie benötigen dazu lediglich Bretter, Teichfolie, Gartenerde und natürlich die Pflanzen. Stecken Sie die Holzrahmen zusammen, kleiden Sie diese mit Folie aus und füllen Sie den Kasten mit Erde und Dünger. Die Höhe der Kisten richtet sich nach Ihren individuellen Wünschen. Auch ein Hochbeet oder Tischbeet ist eine enorme Arbeitserleichterung im Garten. Das Beet und somit die Beetoberfläche wird auf eine angenehme Höhe gebracht und ist leicht von allen Seiten zu bearbeiten.

HÄNGEBEETE

Was spricht dagegen, auch die Wände zu bepflanzen? Bei Hängebeeten ist genau dies der Fall. Solche Beete eignen sich für triste Wände, Innenhöfe, aber auch für kleine Gärten, Balkone und Terrassen mit beschränktem Platzangebot. Ganz nebenbei ermöglichen sie das Gärtnern in angenehmer Arbeitshöhe ohne anstrengendes Bücken. Die Hängegärten eignen sich ebenfalls als Dekoelement oder Raumteiler und schaffen eine grüne Oase. Vorstellen muss man sich die hängenden Gärten wie ein bepflanztes Beet, das nicht wie gewohnt am Boden, sondern vertikal an einer Wand angelegt ist. Dazu benötigen Sie einen stabilen Pflanzrahmen, Pflanztaschen oder Hängekörbe. Im Handel gibt es auch flexible Module mit Bewässerungssystem und wasserdichten Rückwänden.

TIPP

» Idee für einen kleinen Hängegarten: Erdbeeren, Kräuter und Tomaten in Pflanztaschen übereinander anpflanzen und auf diese Weise eine kleine „Naschecke" gestalten. «

1 Tischbeet

Tischbeete sind eine Sonderform des Hochbeets und bestehen aus einer Wanne für das Pflanzsubstrat und daran befestigten stabilen Tischbeinen. Großes Plus: Sie sind auch für Rollstuhlfahrer sehr gut geeignet.

Das klassische Hochbeet ist der Dauerbrenner im Seniorengarten – und das zu Recht. Das rückenbelastende Bücken entfällt und Sie haben die Pflanzen besser im Blick. Noch dazu sind Hochbeete hilfreich gegen Schnecken.

2 Hochbeet

3 Kistenbeet

Kistenbeete sind transportable Minihochbeete, die auf Balkon und Terrasse platzsparend eingesetzt werden können. Sie sind besonders pflegeleicht und können z. B. aus alten Weinkisten auch ganz leicht selbst hergestellt werden.

VERTICAL GARDENING

Auf Terrasse und Balkon hat sich ein schicker Gartentrend etabliert: das Vertical Gardening. Diese Art des Gärtnerns bedeutet, dass gerade wenn wenig Platz vorhanden ist, in die Höhe statt in die Breite angepflanzt wird. Von Pflanzregalen und -säulen über Hängebeete an Hauswänden bis hin zu mehrstöckigen Hochbeeten gibt es im Handel verschiedene Varianten.

4 Hängebeet aus Töpfen

Eine simple Möglichkeit des Vertical Gardenings ist der Einsatz von Hängetöpfen und Blumenampeln als Hängebeet. Diese werden dann an Gittern, Stangen, Haken oder stabilen Seilen aufgehängt.

Wandbeete sind durch ihre gute Erreichbarkeit rückenfreundlich und pflegeleicht. Besonders praktisch sind sie z. B. für den vertikalen Gemüseanbau. So wird die Ernte zum Kinderspiel.

5 Wandbeet

6 Mulchbeet

Ein Gemüsebeet anlegen ohne Umgraben? Das geht mit einem Mulchbeet! Auf Pappe kommt eine Schicht Kompost und darauf dann reichlich Mulch. Im ersten Jahr kann man Kartoffeln pflanzen, im nächsten dann alle Gemüsearten.

Das Kiesbeet gehört wohl zu den pflegeleichtesten Beetarten überhaupt. Unkraut kommt so gut wie niemals vor und da die genügsamen Pflanzen im Kiesbeet kaum Pflege benötigen, muss man kaum gießen und düngen.

7 Kiesbeet

8 Kräuterschnecke

Die Kräuterschnecke ist eine Variante des Hochbeets. Sie bietet für verschiedene Kräuter an den unterschiedlichen Stellen in der Spirale optimale Standortbedingungen. Zudem kann sie ein echter Blickfang im Garten sein.

Ebenfalls ein Verwandter des Hochbeets ist das Hügelbeet. Es besteht aus mehreren Schichten, die zu einem Hügel aufgeschichtet werden. Darauf wird dann das Gemüse gut erreichbar angepflanzt.

9 Hügelbeet

QUADRATBEET:

Das trendige Square Foot Gardening wird hierzulande als „Gärtnern im Quadrat“ bezeichnet. Ein kleines quadratisches Hochbeet wird hier nochmals in Quadrate unterteilt, die dann jeweils mit unterschiedlichen Gemüsearten bepflanzt werden. Hier passt viel Gemüse auf wenig Platz und Unkraut hat kaum eine Chance.

Vorteilhafte Gartenarten

Vorteilhafte Gartenarten

Als Gärten mit wenig Pflegeaufwand empfehlen sich beispielsweise Prärie- und Steingärten. Topfgärten lassen sich ebenfalls auf dem Balkon oder der Terrasse mit wenig Aufwand gestalten. Hier können Sie Ihrer Kreativität freien Lauf lassen und einen pflegeleichten Blickfang schaffen.

ABWECHSLUNGSREICH TROTZ GERINGER PFLEGE

Mit einem Präriegarten holen Sie sich einen Hauch Wilder Westen in den Garten. Typisch für diese Landschaftsform sind Präriestauden und Gräser. Ihr Vorteil: Sie sind sehr genügsam und müssen kaum gewässert werden. Empfehlenswert sind ein sonniger Standort und ein lockerer Boden. Die meisten Präriestauden blühen im Sommer oder Herbst und lassen sich mit Begleitpflanzen wie Zwiebelblumen zu einem Ganzjahres-Arrangement kombinieren. Ebenso wenig Pflege braucht ein Steingarten. Er besteht aus dekorativen Steinen und den typischen Steingartenpflanzen. Sie sind für ebene Bereiche ebenso geeignet wie für Hänge und Schräglagen. Auch in Kübeln können Sie kontrastreiche Steingärten anlegen. Entfernen Sie bei einer Neuanlage zunächst gründlich das Unkraut und sorgen Sie mit einer dicken Schicht aus Schotter und Kies für einen guten Wasserabzug. Beliebte Pflanzen sind Sedumarten, die aufgrund ihrer dicken Blätter das Wasser lange speichern können.

IMMERGRÜNER BALKON

Ein schöner Terrassen- und Balkonschmuck mit geringem Pflegeaufwand sind immergrüne, winterharte Pflanzen. Achten Sie hier auf frostfeste Gefäße, dann brauchen Sie im Winter nichts wegräumen und Ihre Pflanzen schmücken Balkon und Terrasse auch in der kalten Jahreszeit. Geeignet sind winterharte Gehölze in verschiedenen Wuchsformen und Grüntönen. So wirken die Immergrünen nicht eintönig. Denken Sie hier beispielsweise an die langsam wachsende kugelige Schwarzkiefer und die formschöne Zuckerhutfichte.

TOPFGÄRTEN

Ein grünes Paradies ganz ohne Garten schaffen, das funktioniert mit Blumentöpfen und Kübeln. Auf Balkonen und Terrassen lassen sich so problemlos Blumen, Gemüse und Kräuter ziehen. Natürlich können Sie auch in einem Garten eine Ecke mit Töpfen und Kübeln anlegen. Pflücksalate z. B. liefern zuverlässig eine reiche Ernte. Ab März alle 2 bis 3 Wochen gesät, sind sie schon wenige Wochen später erntereif. Auch Radieschen wachsen schnell und unkompliziert. Tomaten und Paprika wünschen sich warme, geschützte Plätze und können ab Mitte Mai in Freilandkübel gepflanzt werden. Und wer mag, bereichert seinen Speisezettel noch mit Erbsen und Bohnen.

TIPP

» Achten Sie bei der Auswahl der Pflanzen für den Steingarten auf unterschiedliche Blühzeiten. So leuchten immer bunte Blüten in der Steinlandschaft. «

In einem Topfgarten lassen sich viele Pflanzen auf engstem Raum anpflanzen, was vor allem bei der Pflege und bei Platzproblemen von Vorteil ist. Der Klassiker dieser Gartenart ist z. B. der Kräutertopfgarten.

1 Topfgarten

2 Naschbalkon

Gemüseanbau auf dem Balkon heißt nicht, dass man ständig mit Anzucht, Pflege und Ernte beschäftigt sein muss. Bei einem kleinen Naschbalkon mit Cocktailtomaten oder Erdbeeren hält sich die Arbeit in Grenzen.

3 Terrassengarten

Beim Terrassengarten werden Pflanzentöpfe und -kübel ansprechend auf der Terrasse arrangiert. Vorteile sind die gute Erreichbarkeit für Pflegearbeiten, die Nähe zum Haus und die effektive Platzausnutzung.

DEKORATIVE TOPFGÄRTEN

Ob auf der Terrasse oder auf dem Balkon: Topfgärten sind äußerst dekorativ und machen viel Freude. Bleiben Sie bei der Auswahl der Töpfe jedoch bei einem stimmigen Farbkonzept und mischen Sie nicht zu viele unterschiedliche Materialien miteinander. Ansonsten wirkt Ihr Topfgarten unruhig.

Immergrüne machen sich auch toll auf dem Balkon und begrünen diesen das ganze Jahr über. Besonders pflegeleicht wird es, wenn Sie auf langsam wachsende Zwergkoniferen setzen.

4 Immergrüner Balkon

5 Immergrüner Garten

Auch im Garten machen sich die pflegeleichten Immergrünen gut. Mit leuchtend bunten Beeren (z. B. Feuerdorn) oder schönen Blüten (z. B. Rhododendron) bringen sie zusätzlich Farbe in den Garten.

IM SCHATTEN

Für viele sind die schattigen Ecken im Garten eher ein Grund zum Stirnrunzeln. Dabei fühlen sich viele Stauden und Bodendecker in schattiger, feuchter Erde richtig wohl. Farne, Efeu, Immergrün oder Schattengräser können dunkle Gartenecken zu neuem Leben erwecken. Zudem sind Schattenpflanzen äußerst pflegeleicht, genügsam und anspruchslos.

6 Schattengarten

Besonders gut im Schattengarten machen sich Funkien, die durch ihre ausgefallenen Blattmusterungen und -formen sofort ins Auge stechen. Im Sommer bezaubern sie zudem mit duftender Blütenpracht.

Staudengärten mit pflegeleichten Stauden können auf unterschiedlichste Weise angelegt werden. Prächtige Blüten, schwingende Ziergräser oder ornamentales Blattwerk machen sie zu echten Hinguckern.

7 Staudengarten

8 Naturgarten

In einem Naturgarten werden Arbeiten, die in die natürliche Entwicklung der Pflanzen eingreifen, wie Mähen, Unkrautjäten oder Gießen auf das Nötigste beschränkt, weshalb er zu den pflegeleichtesten Gartenarten zählt.

Im Permakulturgarten wird naturnah gegärtnert. Ziel ist ein sich selbst erhaltendes, ressourcenschonendes System. Dies soll z. B. durch Mulchen, Mischkulturen und Multifunktionalität erreicht werden.

9 Permakulturgarten

NATUR PUR:

Wer einen Natur- oder Permakulturgarten anlegt, tut dies nicht nur für sich selbst, sondern auch für Pflanzen und Tiere. So dienen Wildpflanzen als Lebensraum für zahlreiche Insekten. Der Verzicht auf Kunstdünger und Pestizide ist ebenso Pflicht wie die Verwendung von Naturbaustoffen und das Zulassen von Fraßschäden und Selbstaussaat.

SICH INSPIRIEREN LASSEN

Lassen Sie sich doch von den wunderschönen Steingärten in botanischen Gärten und Gartenausstellungen inspirieren!

10 Steingarten

Steingärten sind nicht nur eine Wohltat für das Auge, sondern auch besonders pflegeleicht. Sie sind mit sehr genügsamen Pflanzen bestückt, die es nährstoffarm und trocken mögen.

11 Alpin und mediterran

Typische Steingartenpflanzen sind z. B. verschiedene Thymianarten, Narzissen, Grasnelken oder Schleifenblumen. Sie versprühen alpinen bzw. mediterranen Flair.

Auch japanische Gärten spielen mit der Kombination von Stein und genügsamen, pflegeleichten Pflanzen. Besonders schön wirken in ihnen steinerne Dekoelemente.

12 Japanischer Garten

Eine Variante des Steingartens ist der Schotter- oder Kiesgarten. Hier spielen vor allem Steine und weniger Pflanzen die Hauptrolle. Berühmtestes Beispiel hierfür ist der japanische Zengarten.

13 Schottergarten

PRÄRIEGÄRTEN

Dieser Gartentyp ist von den weiten Flächen der nordamerikanischen Prärie inspiriert. Neben Ziergräsern und Stauden stechen hier vor allem die blühenden Prärieblumen wie Sonnenhut, Fetthenne oder Indianernessel ins Auge. Da Präriegartenpflanzen sehr genügsam sind, ist dieser Gartentyp für einen arbeitsreduzierten Seniorengarten geradezu prädestiniert.

Präriegärten bestehen aus Stauden, Ziergräsern und Blumen, die sich auf kargem und trockenem Boden wohlfühlen. Sie benötigen wenig Pflege und bringen einen Hauch Nordamerika in den Garten.

14 Präriegarten

15 Gräsergarten

Eine Variante des Präriegartens ist der Gräsergarten. Eindrucksvolle Ziergräser wie Pampasgras oder Lampenputzergras lassen ein stimmiges Ensemble entstehen, das auch im Winter ein spannendes Bild ergibt.

Pflanzgefäße, Kübel und Co.

Kübelpflanzen sind sowohl im Garten als auch auf Balkon und Terrasse beliebt. Damit Sie die Töpfe nicht mühsam ins Winterquartier schaffen müssen, sind robuste und winterharte Pflanzen ideal. Zudem sollten sie kleinwüchsig sein. Auch für Kräuter und Gemüse sind Kübel und Tröge hervorragend geeignet.

Pflanzgefäße, Kübel und Co.

TIPP

» Kübelpflanzen, die den Winter draußen verbringen, werden an frostfreien Tagen mäßig gegossen. Wichtig ist, dass die Pflanzen möglichst nicht in der Sonne stehen. «

DIE PFLANZENAUSWAHL

Frostempfindliche Kübelpflanzen können spätestens im Spätherbst schnell zu einem Problem werden: Wohin mit den Pflanzen? Alternativen bieten winterharte Topf- und Kübelpflanzen, die ganzjährig im Freien bleiben können. Mit Gehölzen z. B. holen Sie sich Farbenpracht auf Balkon und Terrasse, ohne sich Gedanken um ein geeignetes Winterquartier machen zu müssen. Geeignet sind schwach bis mittelstark wachsende Gehölzarten und -sorten mit guter bis sehr guter Frosthärte. Durch Unterpflanzungen mit frühblühenden Zwiebelpflanzen sorgen Sie für noch mehr Blütenpracht. Etwas Winterschutz brauchen aber auch die winterharten Gewächse. Die größte Gefahr ist das Durchfrieren des Wurzelballens. Umhüllen Sie die Pflanzgefäße mit Sackleinen, Noppenfolie oder anderen isolierenden Materialien wie Bastmatten und Tannengrün.

GEEIGNETE PFLANZGEFÄSSE

Achten Sie immer auf frostharte Gefäße, wenn die Kübelpflanzen draußen überwintern sollen. Hier kommt es vor allem auf das Material an. Im Handel sind verschiedene Gefäße erhältlich. Kunststofftöpfe und -kübel haben viele Vorteile: Sie sind leicht und das Material verhindert, dass Wasser schnell verdunstet. Sie sind deshalb besonders gut für Pflanzen geeignet, die eher feuchte Böden bevorzugen. Das Umtopfen gestaltet sich recht unkompliziert, denn an der glatten Kunststoffoberfläche bleiben die Wurzeln nicht hängen und empfindliche Pflanzen werden nicht geschädigt. Allerdings sind Kunststoffkübel nicht unbegrenzt haltbar, denn die Sonne macht sie spröde. Länger haltbar sind Terrakotta- und Tontöpfe. Diese sind recht schwer und je nach Größe mühsam zu transportieren. Sie sollten Sie also nur an Stellen platzieren, an denen sie längere Zeit stehen können. Sind die Gefäße nicht lackiert, kann das Wasser durch die poröse Struktur entweichen und hinterlässt dann unschöne Flecken. Um das zu umgehen, setzen Sie die Pflanzen in einen Topf aus Kunststoff und stellen diesen dann in den Terrakottakübel. So entsteht kein Belag und der Pflanzentransport wird leichter. Wer seine größeren Kübelpflanzen und Topfgärten öfter umstellen möchte, greift am besten auf Rolluntersetzer zurück. Die fahrbaren Pflanzenroller gibt es im Handel in allen erdenklichen Farben und Formen.

1 Kunststoffkübel

Die vielen Vorteile von Kunststoffkübeln prädestinieren sie für einen Seniorengarten. Aber auch Metall- oder Terrakottagefäße haben ihre Vorzüge. Schlussendlich entscheidet aber immer Ihr persönlicher Geschmack.

Egal, für welches Pflanzengefäß Sie sich entscheiden, achten Sie immer darauf, dass Töpfe und Kübel einen Wasserabfluss besitzen. Ansonsten riskieren Sie Staunässe, die die Ursache für viele Pflanzenkrankheiten ist.

2 Besonders wichtig: Wasserabfluss

3 Drainage mit Blähton

Staunässe gehört zu den Hauptauslösern von Pilzbefall und Wurzelfäule. Mit einer gut funktionierenden Drainage aus Blähton oder Tonscherben sorgen Sie für eine optimale Pflanzengesundheit.

WINTERHART UND TROTZDEM BUNT

Wer winterharte Gehölze als Kübelpflanzen sucht, die in den warmen Monaten mit bunten Blüten begeistern, hat eine große Auswahl. Neben farbenfrohen Hortensien betört vor allem der Zwergsommerflieder mit seinen duftenden Blütenständen. Und Säulenobst bringt nicht nur Farbe und Duft, sondern beschenkt auch mit leckeren Früchten.

4 Immergrüne für den Topf

Bei der riesigen Auswahl von Immergrünen für Topf und Kübel hat man die Qual der Wahl. Pflegeleicht und schnittverträglich sind z. B. Buchs oder Stechpalme. Ebenfalls eine gute Wahl: Zwergkiefer und kleine Koniferenarten.

Auf frostempfindliche Kübelpflanzen wie beispielsweise Oleander oder Hibiskus sollten Sie weitestgehend verzichten, um das anstrengende Umräumen der schweren Kübelpflanzen in ihr Winterquartier zu vermeiden.

5 Auf frostempfindliche Kübelpflanzen verzichten

6 Immergrüne müssen im Winter nicht ins Haus

Winterharte Immergrüne wie Buchs, Zypresse oder Thuja können hingegen auch während der frostigen Winterzeit auf der Terrasse bleiben. Vor allem Kiefer und Winterheide machen Minusgrade wenig aus.

Das Umhüllen von empfindlicheren Pflanzenteilen sowie von Kübeln mit Gärtnervlies gelingt schnell und hat sich als Frostschutz gut bewährt. Auch Sackleinen eignet sich zum Einpacken von Töpfen und Pflanzen.

7 Frostschutz mit Vlies

8 Frostschutz mit Schilfmatten

Sie können Ihre Kübelpflanzen auch in Schilfrohr-, Kokos- oder Strohmatten einpacken. Besonders wirkungsvoll ist dieser Frostschutz, wenn Sie die Pflanze mehrmals damit umwickeln und die Matten gut fixieren.

Mehrjährige Pflanzen und Kräuter im Hochbeet überwintern an Ort und Stelle. Ebenso lässt sich das Beet für Wintergemüse nutzen. Zum Schutz vor Frost decken Sie das Beet mit Vlies oder Reisig ab.

9 Frostschutz im Hochbeet

FROSTSCHUTZ FÜR KÜBELPFLANZEN:

Auch wenn Buchs, Thuja und Co. Minusgrade gut vertragen, können Kübelpflanzen im Winter geschädigt werden. Da der Wurzelballen im begrenzten Topf schneller durchfriert und auch schneller wieder auftaut, kann es zu Wurzelschäden kommen. Ein vorsorglicher Frostschutz ist deshalb ratsam.

PRAXISTEIL

Gesunde Gartenarbeit

Gesunde Gartenarbeit

Richtig ausgeführt, ist Gartenarbeit gut für Gelenke und Rücken und kann sogar als Fitnesstraining angesehen werden. Doch wie beim „normalen" Training sollten Sie darauf achten, die kalte Muskulatur nicht zu überlasten. Dehn- und Aufwärmübungen am Anfang sind daher sinnvoll. Vermeiden Sie bei der Arbeit monotone Bewegungen und wechseln Sie zwischen Bücken, Stehen und Gehen. Vermeiden Sie vor allem zu schweres Heben und Tragen, indem Sie kleinere Gießkannen oder die Schubkarre zum Transport benutzen. Heben Sie Gewichte gleichmäßig, möglichst nah am Körper und mit geradem Rücken. Achten Sie darauf, nie die Wirbelsäule dabei zu verdrehen!

GUT ZU WISSEN: *Jede Art von Bewegung und Aktivität verbessert Ihre Kraft und Beweglichkeit, selbt ohne spezielles Training. Auch im Herbst und Winter ist es für Gärtner wichtig, aktiv zu bleiben.*

TIPP

„Übungen, die Balance und Muskelkraft verbessern, werden im Alter zunehmend wichtiger. Wer regelmäßig trainiert oder sich im Garten bewegt, verringert das Risiko zu stürzen."

Harken, Umgraben, Unkrautjäten: Gartenarbeit kann ganz schön auf den Rücken gehen und sogar die Gefahr eines Bandscheibenvorfalls droht. Deshalb ist die richtige Körperhaltung bei der Gartenarbeit immens wichtig.

1 Rückenschmerzen vermeiden

2 Keinen runden Rücken machen

Wenn Sie sich bücken, sollten Sie auf jeden Fall einen runden Rücken vermeiden. Auch die Beine sollten nicht durchgestreckt sein. Auch beim Bücken im Knien sollte Ihr Rücken immer möglichst gerade bleiben.

Aufwärmen vor der Gartenarbeit ist sehr zu empfehlen! Leichte Stretchingübungen für Arme, Beine, Rücken und Nacken lockern die Gelenke und wärmen die Muskeln auf.

3 Stretching

4 Die richtige Haltung

Korrektes Bücken: Gehen Sie immer in die Knie und halten Sie den Rücken so gerade wie möglich. Arbeiten Sie längere Zeit am Boden, verwenden Sie lieber eine Kniebank oder arbeiten Sie im Sitzen auf einem Hocker.

Heben Sie nie mit durchgestreckten Beinen, sondern gehen Sie in die Knie. Spannen Sie die Bauchmuskeln an, um die Rückenmuskulatur zu entlasten und erheben Sie sich langsam und mit gerade gestrecktem Rücken.

5 Richtig heben

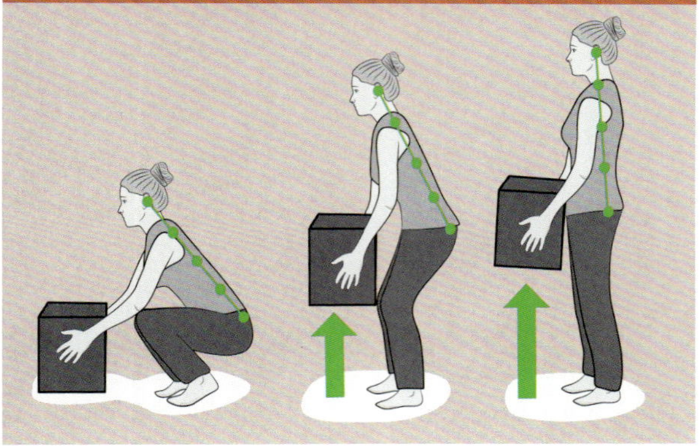

VERLETZUNGEN VERMEIDEN

Die Gefahr, sich einen Hexenschuss bei der Gartenarbeit zuzuziehen, besteht vor allem dann, wenn man wiederholtes Vorbeugen mit einer gleichzeitigen Drehbewegung kombiniert. Auch langes monotones Arbeiten im Knien z. B. beim Harken oder Jäten sollten Sie vermeiden und lieber zwischendurch immer wieder einmal aufstehen und die Muskeln lockern.

LANGSAM ANFANGEN

Der Frühling hat begonnen und Sie sind voller Ideen und Tatendrang, was den Garten angeht! Jedoch sollten Sie es langsam angehen lassen. Gerade nach der bewegungsärmeren Winterzeit muss sich Ihr Körper wieder an vermehrte Anstrengungen gewöhnen. Zu Beginn reichen deshalb 1,5 bis 2 Stunden Gartenarbeit pro Tag.

6 Im Sitzen arbeiten

Auch beim Arbeiten im Sitzen auf einem Klapphocker gilt: Halten Sie Ihren Rücken so gerade wie möglich und unterbrechen Sie monotone Arbeitsabläufe, um aufzustehen und sich zu strecken.

Wenn Sie an Ihrem Hochbeet im Stehen arbeiten möchten, sollte die Oberkante des Beets bis zu Ihrem Beckenboden reichen. Dies ist die ideale Höhe, um bequem im Stehen arbeiten zu können.

7 Hohes Hochbeet

8 Sitz-Hochbeet

Möchten Sie lieber im Sitzen an Ihrem Hochbeet arbeiten, sollte es mindestens 50 Zentimeter hoch sein. Idealerweise besitzt es zudem einen breiten Rand, auf dem man sich bequem niederlassen kann.

Vermeiden Sie es, schwere Lasten zu heben und über längere Strecken zu transportieren. Schubkarren und Sackkarren sind praktische Helfer, um Erde, schwere Pflanzenkübel oder mehrere Setzlinge durch den Garten zu bewegen.

9 Schweres Heben vermeiden

10 Kleine Gießkannen verwenden

Voll gefüllte Gießkannen können richtig schwer werden. Nutzen Sie also kleinere Gießkannen, vor allem wenn Sie hoch platzierte Pflanzen, etwa im Hochbeet oder im Blumenkasten, gießen möchten.

Die Hände sind das wichtigste Werkzeug beim Gärtnern. Schützen Sie diese mit Arbeitshandschuhen, die am besten mit Noppen für einen besseren Griff ausgestattet sind. Bei dornigen Pflanzen sollten Sie Lederhandschuhe verwenden.

11 Handschuhe schützen vor Verletzungen

GUT ZU WISSEN:

Gartenarbeit findet oft in der prallen Sonne statt. Ausreichender Sonnenschutz ist vor allem ab 65 wichtig, da die Haut mit dem Alter lichtempfindlicher wird. Cremen Sie sich also regelmäßig mit einer Sonnencreme mit einem Lichtschutzfaktor von mindestens 20 ein. Zudem sollten Sie Arbeiten in der Mittagshitze komplett vermeiden.

Das richtige Werkzeug

Das richtige Werkzeug

Zur Grundausstattung zählen mindestens Spaten oder Grabgabel, Rechen, Hacke, Gartenschere und Gießkanne. Wer auf ergonomische Gartengeräte setzt, tut Muskeln und Gelenken etwas Gutes. Empfehlenswert sind Produkte mit dem Prüfzeichen der „Aktion gesunder Rücken" sowie spezielle Senioren-Gartengeräte wie Greifhilfen und Armstützen. Ob die einzelnen Gerätschaften für Sie geeignet sind, merken Sie, wenn Sie Schaufel & Co. in die Hand nehmen und den Arbeitsablauf simulieren. Auch das beste Gartenwerkzeug braucht etwas Pflege. Ein guter Zeitpunkt zum Reinigen, Schärfen und Einölen sind die Herbst- und Wintermonate.

GUT ZU WISSEN: *Rückenschonendes Arbeiten fängt bereits bei der geschickten Gartenplanung an. Achten Sie zusätzlich auf richtiges Heben und Tragen und nutzen Sie spezielle Hilfsmittel.*

TIPP

» Hören Sie auf Ihren Körper! Schmerzen zeigen an, wenn die Belastung zu hoch wird. Gönnen Sie sich spätestens dann eine Pause und überfordern Sie sich nicht. «

1 Die Grundausstattung

Auch Besitzer von kleineren Gärten und Balkongärten benötigen zumindest eine Gießkanne, eine Handschaufel und eine Gartenschere. Je nach Gartengröße und Bedarf können dann Werkzeuge wie Spaten, Rechen, Heckenschere, Harke, Unkrautstecher, Pflanzhölzer etc. hinzukommen. Den Transport von Erde, Schnittgut oder Pflanzen erleichtert eine möglichst ergonomische Schubkarre.

Das mühsame Bücken sowie den Balanceakt auf der Leiter erübrigen rückenschonende Erntehelfer für Obst und Nüsse. Einfach über den Boden rollen und schon ist das Erntegut eingesammelt.

2 Erntehelfer

3 Werkzeuge mit langem Griff

Achten Sie beim Kauf langstieliger Geräte wie Spaten, Rechen oder Besen darauf, dass sie für Ihre jeweilige Körpergröße passen.

4 Kleine Akku-Werkzeuge

Mit handlichen kleinen Akku-Werkzeugen sind aufwendige und anstrengende Arbeiten wie etwa das Schneiden von Formschnittgehölzen im Nu erledigt.

5 Gartenscheren mit Übersetzung

Scheren sollten möglichst an die eigene Handgröße angepasst sein. Gartenscheren mit Übersetzung sind zudem kraftsparend. Ein Rollgriff vermindert den Kraftaufwand ebenfalls.

RÜCKENFREUNDLICH RASEN MÄHEN

Für die Rasenpflege gibt es Rasenmäher mit höhenverstellbaren Holmen oder leichte Rasentrimmer mit Teleskopstange.

6 Unkrautjäten im Stehen

Zum rückenschonenden Unkrautjäten haben sich Teleskop-Unkrautstecher bewährt. Die Arbeitshöhe lässt sich verstellen und die mit einem Schieber am Griff zu öffnenden Greifarme ziehen Unkraut mitsamt Wurzel aus dem Boden.

7 Kraftaufwand verringern

Durch spezielle Gartengeräte mit anatomisch geformten Griffen lässt sich der Kraftaufwand bei der Gartenarbeit verringern (*www.thomashilfen.de*).

Der lange Stiel erleichtert bei Rückenproblemen die Arbeit, die abgewinkelten Griffe halten das Handgelenk gerade und verringern die Gelenkbelastung.

8 Ergonomische Geräte

9 Armstützen

Angeboten werden auch aufschiebbare Armstützen, die sich mit verschiedenen ergonomischen Gartengeräten (Gartengabel, -kralle, -schaufel, -hacke) kombinieren lassen. Sie sind bei eingeschränkter Beweglichkeit des Handgelenks oder der Hände sinnvoll.

Wer einen elektrischen Hochentaster besitzt, kann einfach vom Boden aus arbeiten und erspart sich das Erklimmen von Leitern sowie das Hantieren mit der Handsäge.

10 Elektrische Entaster

11 Teleskopstiele

Inzwischen werden viele Geräte für Ernte- und Pflegearbeiten an Bäumen wie z. B. Astscheren und -sägen bzw. Obstpflücker auch mit arbeitserleichternden Teleskopstielen angeboten.

Sinnvolle Hilfsmittel

Sinnvolle Hilfsmittel

Eine große Auswahl an sinnvollen Hilfsmitteln erleichtert im Alter die Arbeit im Garten. Empfehlenswert sind Gartensitze oder -bänke, Mehrzweck- und Kniehocker sowie Kniekissen. Diese Hilfsmittel schonen Rücken und Knie beim Pflanzen und Ernten. Für den rückenschonenden Transport eignen sich Schubkarren, Bollerwagen und Sackkarre. Auch Tragegurte sind praktisch. So wird die Belastung auf Rücken und Schulter gleichmäßig verteilt. Als Arbeitsplatz im Garten haben sich Pflanztische bewährt. Je nach Platzangebot gibt es kleine und große Varianten mit weiteren Ablageflächen, die sich optimal zum Umtopfen, Aussäen und Pikieren eignen.

GUT ZU WISSEN: *Für Rasenflächen sind Mähroboter eine gute Lösung. Sie mähen leise und auf Wunsch vollautomatisch. Zudem mulchen sie das abgeschnittene Gras und düngen so biologisch.*

TIPP

» Um mit Transporthilfen problemlos zu arbeiten, sind breite, befestigte Wege empfehlenswert. Denken Sie auch an Wendemöglichkeiten für Schubkarre & Co! «

Klapphocker sind ein gutes Hilfsmittel für alle Gartenarbeiten im Sitzen. Sie sind leicht zu transportieren und schnell aufgebaut. Für Senioren gibt es sogar spezielle Klapphocker mit eingebautem Gehstock.

1 Hocker mit Gehhilfe

2 Hocker als Ablagefläche

Kleine Hocker können auch gut als Ablagefläche dienen und hilfreich bei den verschiedensten Gartenarbeiten sein. So kann man auf ihnen Werkzeug, Erntekörbe oder Setzlinge ablegen und vermeidet tiefes Bücken.

Damit Ihr Werkzeug immer griffbereit ist und Sie die Hände für bestimmte Handgriffe frei haben, sollten Sie sich einen Werkzeuggürtel anschaffen.

3 Werkzeug immer griffbereit

4 Garten-Wagen

Mit einem Garten-Wagen können Sie vor allem sehr schwere Lasten wie große Mengen an Erde, Mulch oder Kompost sicher und unkompliziert durch den Garten befördern.

Eine Schubkarre gehört für viele Gärtner zur Grundausstattung. Für den altersgerechten Garten eignen sich kippsichere Schubkarren mit zwei Rädern besonders gut.

5 Kippsichere Schubkarre

KIPPBARE SCHUBKARRE

Ebenfalls erleichternd für die Gartenarbeit sind kippbare Schubkarren. Mulde und Gestell sind über ein feststellbares Gelenk verbunden. Löst man dieses, kann man mit wenig Muskelkraft den Inhalt der Mulde wie etwa Mulch, Kompost oder Erde problemlos auskippen. Die Schubkarre behält dabei ihre Standfestigkeit, da Sie sie nicht komplett hochheben müssen.

TRAGEGURTE

Um das Heben schwerer Gegenstände zu erleichtern, haben sich Tragegurte bewährt, die auch von Möbelpackern verwendet werden. Diese finden Sie in gut sortierten Baumärkten. Für massive Pflanzkübel aus schweren Materialien gibt es sogar eigens angefertigte Tragegurte mit Klemmhebel, die einen unkomplizierten Transport ermöglichen. Benutzen Sie diese immer zu zweit.

6 Sackkarre

Um Erdsäcke oder große Pflanzkübel durch den Garten zu transportieren, lohnt sich die Anschaffung einer Sackkarre. So lässt sich das Heben von sehr schwerem Transportgut komplett vermeiden.

Der Garten-Scooter ist ein fahrbarer Hocker, mit dem die Gartenarbeit im Sitzen besonders mühelos gelingt. Meist sind diese Rollhocker noch mit Ablageflächen für Werkzeug ausgestattet.

7 Mobiler Gartensitz: der Garten-Scooter

8 Rolltisch

Rolltische sind nicht nur als fahrbare Pflanztische und als Transporthilfe besonders praktisch, sondern können durchaus auch einen dekorativen Wert besitzen.

Knieschoner kommen schon lange z. B. beim Parkettverlegen zum Einsatz. Auch für Gartenarbeiten im Knien wie beim Jäten und Einpflanzen sind sie ein praktisches Hilfsmittel.

9 Knieschoner

10 Kniekissen

Auch Kniekissen helfen dabei, die Knie zu schonen. Die Auswahl reicht hier von einfachen Schaumstoffplatten bis hin zu ergonomischen Kissen mit anatomischen Aussparungen.

Multifunktionale Kniebänke, die durch eine einfache Drehbewegung zum Hocker umfunktioniert werden können, sind für die Gartenarbeit besonders vielseitig einsetzbar.

11 Kniebank

GUT ZU WISSEN:

Beim Knien werden vor allem Rücken und Kniegelenke belastet. Längeres Knien sollten Sie deshalb prinzipiell vermeiden und nicht länger als 30 Minuten am Stück auf den Knien arbeiten. Empfehlenswert ist das einseitige Knien, bei dem ein Bein rechtwinklig aufgestellt ist. Somit hält man den Rücken gerader und schont ihn dadurch.

KÖRBE ODER TASCHEN FÜR ROLLSTUHL UND GEHHILFE

Wer im Rollstuhl oder mit einer Gehhilfe im Garten arbeitet, sollte an diesen Körbe oder Taschen für das Garten-Werkzeug befestigen.

12 Pflanztische

Pflanztische sind ideale Arbeitsplätze, um Arbeiten wie Umtopfen oder Pikieren rückenschonend im Stehen oder Sitzen zu verrichten. Achten Sie hier vor allem auf eine angenehme Höhe der Arbeitsplatte.

13 Blumenroller

Um schwere Kübelpflanzen zu bewegen, sind Blumenroller als Untersetzer ideal. Mit ihnen kann auch Gießwasser gut durch die Abflusslöcher abfließen, was Staunässe vorbeugt.

Das jährliche Laubrechen kostet oft viel Zeit und Mühe. Akku-Laubbläser schaffen hier Abhilfe. Sie sind leichter und leiser als die Modelle mit Benzinmotor.

14 Akku-Laubbläser

Bei sehr großen Rasenflächen (ab ca. 800 Quadratmeter) sollten Sie die Anschaffung eines Rasenmähertraktors oder Aufsitzrasenmähers in Erwägung ziehen. Letzterer ist besonders leicht in der Handhabung.

15 Aufsitzrasenmäher bei großen Rasenflächen

GEFAHREN DURCH MÄHROBOTER

Mähroboter sind mit zahlreichen Sensoren ausgestattet, um sich sicher durch den Garten zu bewegen. Trotzdem kann es zu Unfällen kommen. Halten sich Kleinkinder oder Kleintiere im Garten auf, sollte der Roboter nicht unbeaufsichtigt arbeiten. Um Igel zu schützen, sollte er auch nicht nachts laufen.

Achten Sie auf große Räder mit guten Kugellagern. Das Schieben wird dadurch leichter und rückenschonender.

16 Klassischer Rasenmäher: worauf achten?

17 Mähroboter

Wer sich für einen Mähroboter entscheidet, muss einmalig unter der Erde einen Begrenzungsdraht verlegen, um den Arbeitsbereich abzustecken. Danach erledigt der kleine Gartenhelfer seine Arbeit ganz von allein.

Gartenarbeit erleichtern

Gartenarbeit erleichtern

Um sich die Pflegearbeiten im Garten zu erleichtern, gibt es einige einfache Tricks und Kniffe. Statt jährlich neue Sommerblumen pflanzen zu müssen, tauschen Sie diese einfach gegen standortgerechte Stauden aus. Mit diesen mehrjährigen Pflanzen haben Sie weniger Arbeit. Robuste Arten sind zudem weniger anfällig für Krankheiten und Schädlinge. Wählen Sie winterfeste Sorten für Ihre Region, fällt sogar das herbstliche „Einpacken" weg. Zwischen den Stauden bedecken Sie den Boden mit einer Mulchschicht aus Rasenschnitt oder Rindenkompost und halten ihn damit unkrautfrei und feucht. Alternativ pflanzen Sie Bodendecker.

GUT ZU WISSEN: *Um die Gießkanne nicht im Haus mit Wasser füllen und dann mühsam nach draußen tragen zu müssen, sollten Sie Wasserspender wie eine Wasserzapfsäule oder eine Regenwasserzisterne im Garten aufstellen.*

TIPP

» Mit computergesteuerter Bewässerung müssen Sie keine schweren Gießkannen mehr schleppen: Beete, Kübel- und Topfpflanzen können auf diese Weise automatisch gegossen werden. «

1 Kleine Beete statt große Flächen

↑ Große Rabatten und breite, dicht bepflanzte Blumenbeete machen viel Arbeit und sind für den Seniorengarten weniger geeignet. Setzen Sie also lieber auf kleine Blumenbeete mit sorgfältig ausgewählten pflegeleichten Blumensorten, um Farbe in den Garten zu bringen. Größere Flächen können Sie mit einer Kombination aus Stauden und Bodendeckern bepflanzen.

2 Holzzaun statt Hecke

Hecken zu pflegen und zu trimmen macht viel Arbeit. Warum also nicht ganz darauf verzichten und einen Holzzaun als Sichtschutz anbringen? Abgestimmt auf den Gartenstil kann er tolle Akzente setzen und macht kaum Arbeit.

GUT ZU WISSEN: *Wenn Sie Rasen erneuern oder nachsäen möchten, sollten Sie auf hochwertiges Saatgut setzen. Dieses wächst etwas langsamer, was die Mäharbeit erleichtert.*

4 Terrasse vergrößern

Verkleinern Sie Rasen- und Beetflächen, indem Sie Ihre Terrasse vergrößern. So schaffen Sie auch mehr Stellplatz für pflegeleichte Topfgärten und mehrjährige Kübelpflanzen.

So schwer es manchen Menschen fällt, aber Hilfe zuzulassen ist kein Zeichen von Schwäche, sondern zeugt von Pragmatismus und rationalen Überlegungen. Scheuen Sie sich also nicht davor, Freunde und Familie um Unterstützung zu bitten.

3 Hilfe zulassen

5 Wildblumenwiese

Bestimmen Sie in Ihrem Garten einen Bereich als Ort für eine Wildblumenwiese. Somit unterstützen Sie nicht nur die heimische Insektenwelt, sondern vermindern auch die Fläche, die regelmäßig gemäht werden muss.

Unkrautjäten gehört zu den lästigsten Arbeiten im Garten. Aber es gibt einen Trick, um den unerwünschten Wildkräutern zu Leibe zu rücken: Mulchen! Im Zierpflanzenbeet verwendet man am besten Rindenmulch.

6 Mulchen mit Rindenmulch

7 Mulchen mit Stroh

Im Gemüsebeet hat sich das Mulchen mit Stroh, mit angetrocknetem Rasenschnitt oder mit sich selbst zersetzenden Mulchfolien bewährt. Letztere haben zudem einen Wärmeeffekt, der bei vielen Kulturen den Ertrag steigert.

DIE VORTEILE DES MULCHENS

Mulchen unterdrückt nicht nur Unkraut, sondern hat noch weitere Vorteile. Da die Mulchschicht das Austrocknen des Bodens verhindert, muss seltener gegossen werden. Und bei heftigen Regenfällen schützt der Mulch das Beet vor dem Verschlämmen. Organischer Mulch setzt zudem Nährstoffe frei, was wiederum zusätzliche Düngergaben erspart.

8 Mulchen unter Stauden und Büschen

Auch unter Stauden und Büschen und auf größeren offenen Flächen können Sie eine Mulchschicht auftragen. Die anfängliche Arbeit macht sich schnell bezahlt, da Sie weniger jäten, gießen und düngen müssen.

Ein automatisches Bewässerungssystem, das schnell und unkompliziert aufgebaut ist, sind Rasensprenger. Durch den, offen durch den gesamten Garten verlegten, Gartenschlauch erhöht sich jedoch die Stolper- und Sturzgefahr.

9 Bewässerung mit Gartensprengern

10 Tröpfchenbewässerung im Gemüsebeet

Im Gemüsebeet können Sie sich das Gießen sparen, wenn Sie Schläuche mit Tröpfchenbewässerung verlegen. Das Wasser tritt durch kleine Bohrungen im Schlauch langsam aus und befeuchtet direkt die Pflanzenwurzeln.

Hilfreich ist, wenn Sie Ihre Blumen gut erreichbar in Blumenampeln anpflanzen, die idealerweise auch noch mit einem kleinen Flaschenzug versehen sind. Auch ein leicht zugängliches Wasserdepot erleichtert das Gießen.

11 Gießarbeit erleichtern

GUT ZU WISSEN:

Bewässerungsmatten für Blumenkästen unterstützen bei der Bewässerung von Balkonkästen und werden ganz einfach vor dem Einfüllen mit Erde in den Blumenkasten gelegt. Sie speichern das Gießwasser und geben es nach und nach ab. Überschüssiges Wasser kann durch die Matten und anschließend durch die Abflusslöcher des Blumenkastens abfließen.

BODENDECKER AUF KOKOSMATTEN

Besonders einfach: Im Handel gibt es vorgezogene Jungpflanzen auf Kokosmatten, die sich wie Rollrasen verlegen lassen.

12 Unkraut verhindern mit Bodendeckern

Eine besonders schöne Art, um Unkraut zu verhindern, ist das Pflanzen von Bodendeckern. Durch ihre flächendeckende Ausbreitung ersticken sie die unerwünschten Wildkräuter sprichwörtlich im Keim.

13 Pflanzzeitpunkt: Spätsommer

Pflanzen Sie Bodendecker im Spätsommer oder Herbst. So haben die Pflanzen genug Zeit, die Fläche zu erobern und dann ist im Frühjahr – wenn das Unkraut sprießt – der Boden schon ausreichend bedeckt.

Nach dem Pflanzen sollten Sie einmalig Unkraut jäten und zwischen den frisch gesetzten Bodendeckern mulchen. Im Herbst bietet sich Laub als Mulchmaterial geradezu an.

14 Mulchen nach dem Pflanzen

15 Staudengärten ideal für den Seniorengarten

Wenn es darum geht, die Gartenarbeit zu erleichtern, geht nichts über die Bepflanzung mit anspruchslosen Pflanzen. Und Stauden sind hier die unangefochtenen Meister. Sie sind mehrjährig, blühfreudig, robust und vor allem: pflegeleicht.

Möchten Sie eine große Fläche mit Stauden bepflanzen, sollten Sie diese so auswählen, dass deren Blütezeiten über das gesamte Jahr verteilt sind. So haben Sie das ganze Jahr über ein traumhaftes Farbspiel im Garten.

16 Große Staudengärten

17 Kleine Staudengärten

Kleine Staudengärten hingegen bepflanzen Sie so, dass die Blütezeiten zu einem ähnlichen Zeitpunkt stattfinden. Zum Blütehöhepunkt werden Sie dann mit einer wahren Explosion an Farben und Formen belohnt.

Hochbeete im Garten

TIPP

» Mobile kleine Hochbeete für Balkon und Terrasse lassen sich mit Rollen ausstatten. So können Sie diese bei Bedarf rasch zur Seite schieben. «

Hochbeete im Garten

Ein Hochbeet ermöglicht Gärtnern ohne Rückenschmerzen sowie beste Wachstumsbedingungen für Gemüse, Kräuter und Salate. Sie können es fertig kaufen oder selbst bauen. Zum Selbstbauen eignen sich naturbelassene oder druckimprägnierte Hölzer, aber auch gebrauchte Holzbretter. Boden und die unteren Seitenwände versehen Sie am besten mit einem engmaschigen Drahtgitter als Schutz vor Wühlmäusen. Zum Auskleiden eignet sich beispielsweise verrottungsfeste Teich- bzw. Noppenfolie. Möchten Sie Ihen Start in die Gemüsesaison im Frühling vorverlegen, bauen Sie zusätzlich einen einfachen Frühbeetaufsatz für das Hochbeet.

GUT ZU WISSEN: Bei der Höhe Ihres Hochbeets können Sie sich nach der Höhe der Arbeitsplatte in Ihrer Küche richten. Diese Höhe ist meist ein guter Richtwert für bequemes Arbeiten.

Je nach Pflanzenart kann Ihr Hochbeet im Schatten, im Halbschatten oder in der Sonne stehen. Ein sonniger Platz und eine Ausrichtung nach Südwesten sind jedoch ideal für die meisten Pflanzen.

1 Standort festlegen

2 Hochbeete aus Steinen

Ein Hochbeet aus Steinen hat den Vorteil, dass man es sehr vielseitig gestalten kann. Ziegelsteine, Natursteine oder eine Trockenmauer: Sie alle können so angeordnet werden, dass sie in jede noch so kleine Gartenecke passen.

Das beliebteste Baumaterial für Hochbeete sind wohl Holzbretter. Möchten Sie alte Dielen für den Bau eines Gemüse- oder Kräuterhochbeets recyceln, sollten diese nicht lasiert oder imprägniert sein.

3 Baumaterial: Holzbretter

4 Paletten und Aufsetzrahmen

Auch aus alten Paletten oder aus Palettenaufsetzrahmen lassen sich Hochbeete bauen. Gerade Letztere eignen sich ideal für den unkomplizierten und schnellen Hochbeetbau.

Gabionen sind Drahtkorbrahmen, die mit Steinen gefüllt sind. Aus Ihnen lassen sich besonders langlebige und dekorative Hochbeete gestalten. Gabionen gibt es im Handel in zahlreichen Formen und Größen.

5 Hochbeete aus Gabionen

6 Metallhochbeete

Hochbeete aus Metall sind besonders langlebig, stabil und pflegeleicht. Sie müssen nicht gewartet, gestrichen oder imprägniert werden und auch das Auslegen von einer schützenden Teichfolie entfällt bei ihnen.

FUNDAMENT – JA ODER NEIN?

In der Regel benötigen Sie für Ihr Hochbeet kein Fundament – ein fester und ebener Untergrund reicht vollkommen aus. Bei schweren Steinhochbeeten kann ein Punktfundament jedoch zur Standfestigkeit beitragen. Von einem Flächenfundament ist eher abzuraten, da so der Wasserabfluss verhindert wird und Staunässe entstehen kann.

7 Boden mit Wühlmausgitter auslegen

Bevor Sie Ihr Hochbeet aufstellen, wird der Boden dafür vorbereitet. Dieser sollte so ebenerdig wie möglich und mit einem Wühlmausgitter ausgelegt sein.

Für ein klassisches Hochbeet aus Holzbrettern werden diese ganz einfach zusammengeschraubt und mit Kanthölzern an den Ecken stabilisiert.

8 Bretter zusammenschrauben

9 Holzkasten auf Fundament setzen

So entsteht ein Holzkasten, den Sie dann auf das Wühlmausgitter aufsetzen. Prüfen Sie hier nochmals, ob das Hochbeet ebenerdig und stabil ist.

Um den Holzkasten des Hochbeets vor Feuchtigkeit zu schützen, wird dieser mit einer schützenden Folie ausgekleidet. Besonders gut eignet sich hierfür Teichfolie, Sie können aber auch Noppenfolie verwenden.

10 Mit Folie auskleiden

11 Hochbeet befüllen

Nun wird das Hochbeet befüllt. Je nachdem, ob Sie Gemüse anbauen (S. 70) oder Blumen anpflanzen (S. 74) wollen, wird es mit unterschiedlichen Schichten befüllt.

Nach dem Befüllen sollten Sie dem Substrat etwas Zeit geben, um sich setzen zu können. Idealerweise befüllen Sie das Hochbeet im Herbst, um es dann im Frühjahr zu bepflanzen.

12 Hochbeet bepflanzen

GUT ZU WISSEN:

Neben den auf S. 70-77 beschriebenen klassischen Hochbeetschichtungen gibt es noch weitere Befüllungsalternativen. Eine davon besteht aus einer Schicht aus aufrecht stehenden Holzscheiten, in deren Zwischenräume strukturbeständige Erde eingeschwemmt wird.
Auf diese wird dann eine dicke Schicht Pflanzenerde gefüllt.

Gemüseanbau in Hochbeeten

Gemüseanbau in Hochbeeten

Mit zunehmendem Alter wird die Arbeit im Gemüsegarten immer beschwerlicher. Aussaat und Ernte erfolgen mehrfach im Jahr und erfordern häufiges Bücken. Eine praktische Lösung für dieses Problem ist das Hochbeet, das rückenschonendes Arbeiten auf kleiner Fläche zulässt. Mit dem Hochbeet wird die Beetfläche auf 60 Zentimeter bis 80 Zentimeter – je nach Körpergröße – erhöht und schon lässt es sich leichter säen, pflanzen und ernten. Fertige Hochbeete gibt es im Handel aus Holz, Kunststoff, Aluminium oder Stahl. Im Prinzip können Sie alle Pflanzen ins Hochbeet setzen, von Möhren und Zwiebeln über Erbsen und Bohnen bis hin zu Radieschen und Salat.

GUT ZU WISSEN: *Hochbeete lassen sich dichter bepflanzen als normale ebenerdige Gemüsebeete. Die Randreihen eignen sich hervorragend für Rank- bzw. überhängende Pflanzen. Auch Klettererdbeeren fühlen sich hier wohl.*

TIPP

» In den ersten beiden Jahren enthält ein frisch aufgesetztes Hochbeet die meisten Nährstoffe. Das ist ideal für Starkzehrer wie Tomaten, Kohl, Lauch und Gurken. «

1 Gemüsehochbeet-Schichten

Die Füllung für ein Gemüsehochbeet sollte aus mindestens vier Schichten bestehen. Die Füllmaterialien verrotten mit der Zeit und geben dabei nicht nur Nährstoffe, sondern auch Wärme ab.

Die erste Schicht im Gemüsehochbeet ist grober Gehölzschnitt, bestehend aus den etwas zerkleinerten Abfällen, die beim Baum-, Strauch- und Heckenschnitt anfallen. Sie sollte ca. 25 Zentimeter dick sein.

2 Erste Schicht: Baumschnittabfälle

3 Zweite Schicht: Grünabfälle

Darauf wird dann eine ca. 20 Zentimeter dicke Schicht aus Grünabfällen, weichen Gartenabfällen oder Grassoden verteilt. Komprimieren Sie diese durch Stampfen und Treten.

4 Dritte Schicht: Gartenerde oder grober Kompost

Für die nächste Schicht mischen Sie Gartenerde mit grobem Kompost und befüllen Sie das Hochbeet damit ca. 20 Zentimeter hoch.

KOMPOST BESORGEN

Haben Sie keinen Komposthaufen im eigenen Garten, können Sie den Kompost für Ihr Hochbeet auch im Gartencenter oder im Baumarkt besorgen. Im Handel wird auch Bio-Kompost extra für Hochbeete angeboten. Die Abfallwirtschaftsbetriebe vieler Städte bieten zudem Kompost aus der Verarbeitung von Bioabfällen an.

HOCHBEET NACHFÜLLEN

Mit der Zeit senkt sich der Inhalt des Hochbeets ab und verdichtet sich. Dann sollten Sie es mit Erde und Kompost nachfüllen.

Die oberste Schicht des Hochbeets besteht aus Muttererde, die mit Feinkompost durchmischt wird. Sie sollte ca. 20–30 Zentimeter dick und von besonders hoher Qualität sein.

5 Vierte Schicht: Erde und Feinkompost

6 Feinkompost

Für die oberste Schicht sollte der Kompost besonders fein sein. Am besten erhalten Sie diesen, wenn Sie groben Kompost durch ein Kompostsieb werfen.

GUT ZU WISSEN:

Ein Kompostsieb können Sie ganz einfach selbst herstellen: Spannen Sie auf einen einfachen Holzrahmen ein zurechtgeschnittenes Stück Rechteckdraht mit ca. 10 Millimeter Maschenweite.

Verteilen Sie die oberste Substratschicht nun locker mit dem Gartenrechen oder mit den Händen.

7 Erde verteilen

8 Frühbeetaufsatz

Bestücken Sie Ihr Hochbeet noch zusätzlich mit einem Frühbeetaufsatz, können Sie die Anbausaison früher beginnen (ca. ab März) und später beenden (ca. bis Oktober).

9 Hochbeetidee: Salatbeet

Ein Salathochbeet ist gerade für Neulinge im Gemüseanbau eine gute Idee. Mischen Sie verschiedene Sorten mit unterschiedlichen Pflanzzeitpunkten, sodass Sie das ganze Jahr über ernten können.

Da die meisten Kräuter Schwachzehrer sind, bietet es sich an, im zweiten oder dritten Anbaujahr Ihr Gemüsehochbeet zu einem Kräuterhochbeet umzuwandeln.

10 Hochbeetidee: Kräuterbeet

11 Hochbeetpyramide

Eine Hochbeetpyramide sieht nicht nur toll aus, sondern bietet durch ihren Aufbau unterschiedliche Standortbedingungen (z. B. Schatten- und Sonnenseiten) für unterschiedliche Gemüse- und Kräutersorten.

Blumen im Hochbeet

Blumen im Hochbeet

Hochbeete sind nicht nur für den rückenschonenden Gemüseanbau geeignet, sondern sie lassen sich mit den gleichen Vorteilen auch ideal in der Gartengestaltung einsetzen. So können Sie mit einem Blumenhochbeet den Garten gliedern, einen Sitzplatz einfassen und sogar Höhenunterschiede im Garten überbrücken. Für die Bepflanzung von Blumenhochbeeten eignen sich mehrjährige Stauden, klein bleibende Gehölze oder bunte Sommerblumen. Wer mag, kann auch attraktive Wildstauden wie Fingerhut, Wiesen-Margarite oder Steppen-Salbei pflanzen. Diese sind robust und pflegeleicht, benötigen aber ebenso wie andere Pflanzen den passenden Standort.

GUT ZU WISSEN: *Machen Sie Ihr Gemüsehochbeet eine Saison lang zum Blumenbeet und pflanzen Sie Ringelblumen, Lupinen oder Malven. Diese sind Gründünger und versorgen die Erde mit neuen Nährstoffen.*

TIPP

» Mit der passenden Bepflanzung locken Sie Schmetterlinge, Bienen und viele weitere Nützlinge an, die Sie aktiv bei der Gesundheit Ihrer Gartenpflanzen unterstützen. «

Zuerst wird eine Drainageschicht in das Blumenhochbeet gefüllt. Diese besteht meist aus einer Mischung aus grobem Schotter, Kies und Steinen und sollte ca. 30 Zentimeter hoch sein.

1 Erste Schicht: grober Schotter

2 Darüber: Gärtnervlies

Auf die Drainageschicht kommt ein zurechtgeschnittenes Gärtnervlies. Dieses verhindert, dass die Erde aus den oberen Schichten durch das Gieß- oder Regenwasser in die Drainageschicht geschwemmt wird.

Auf das Gärtnervlies kommt anschließend eine grüne Zwischenschicht, die aus Rasenschnitt, Laub oder weichen Gartenabfällen bestehen kann. Sie sollte ca. 20–30 Zentimeter dick sein.

3 Zweite Schicht: Grünabfälle

4 Letzte Schicht: Blumenerde

Abschließend kommt Blumenerde in das Blumenhochbeet. Wie nährstoffreich bzw. nährstoffarm das Substrat für das Hochbeet sein sollte, ergibt sich aus den Pflanzen, die Sie ins Hochbeet pflanzen wollen.

Die Substratschicht sollte etwa 30 Zentimeter dick sein und wird locker auf der grünen Zwischenschicht verteilt. Wählen Sie immer qualitativ hochwertige Blumenerde.

5 Erde locker verteilen

WANN BEFÜLLEN?

Am besten befüllen Sie das Blumenhochbeet im Herbst. So hat die Erde Zeit, sich zu setzen. Im Herbst können Sie zudem Blumenzwiebeln von Frühjahrsblühern einpflanzen und erhalten im nächsten Jahr ein farbenprächtiges Frühlingsblumenbeet. Wenn im Mai die Pflanzzeit für Setzlinge beginnt, können Sie bei Bedarf Substrat nachfüllen.

HOCHBEET VORBEREITEN

Haben Sie Ihr Hochbeet schon im Herbst befüllt, sollten Sie es vor der Aussaat bzw. dem Einpflanzen von Jungpflanzen noch einmal vorbereiten. Hierfür harken Sie die oberste Substratschicht noch einmal gründlich durch und befreien sie von Unkraut. Füllen Sie bei Bedarf noch etwas Substrat nach, wenn sich die Füllung stark abgesetzt hat, und ebnen Sie die Oberfläche.

6 Blumen aussäen ab April

↑ Besonders einfach ist die Bepflanzung des Blumenhochbeets mit Blumensamen, die Sie ab April ausbringen können. Sehr schön machen sich Samenmischungen mit Sommer- oder Wildblumen.

↓ Ab Mai können Sie dann auch Blumensetzlinge ins Hochbeet pflanzen. Wässern Sie die Jungpflanzen vorher und setzen Sie diese dann in vorbereitete Pflanzlöcher. Achten Sie hier auf ausreichende Pflanzabstände.

7 Blumen pflanzen ab Mai

8 Pflanzplan für das Blumenhochbeet

↑ Die Blumen im Hochbeet sollten Sie durch einen Pflanzplan festlegen und dabei auf Verträglichkeit achten. Ihre ausgewählten Blumen sollten zudem einen ähnlichen Nährstoffbedarf haben. Dabei auf abgestimmte Blühzeiten achten!

Pflanzen mit hohem Nährstoffbedarf sollten Sie im ersten Jahr pflanzen, wenn das Substrat noch frisch ist. Starkzehrer sind z. B. Sonnenblumen oder Chrysanthemen.

9 Erstes Jahr: Starkzehrer

10 Zweites Jahr: Mittelzehrer

Im zweiten Jahr kommen dann Mittelzehrer ins Blumenhochbeet. Sie benötigen nicht mehr so viele Nährstoffe wie beispielsweise Stickstoff. Gute Kandidaten sind z. B. Dahlien oder Löwenmäulchen.

Schwachzehrer wie Tagetes, Primeln, Begonien, Steifmütterchen oder Petunien kommen schließlich im dritten Jahr ins Blumenhochbeet. Nach dem dritten Jahr ist es dann an der Zeit, das Substrat zu erneuern.

11 Drittes Jahr: Schwachzehrer

GUT ZU WISSEN:

Mit der Zeit verrottet im Blumenbeet die grüne Zwischenschicht aus Rasenschnitt bzw. Laub und die Blumen entziehen der Substratschicht ihre Nährstoffe. Nach dem dritten Jahr sollten Sie also diese beiden Schichten erneuern. Danach beginnen Sie mit dem Pflanzzyklus aus stark-, mittel- und schwachzehrenden Pflanzen von Neuem.

Steingärten anlegen

Steingärten anlegen

Steingärten brauchen wenig Pflege und sehen in kleinen wie in großen Gärten sehr dekorativ aus. Wichtig sind hierbei eine abwechslungsreiche und naturnahe Gestaltung aus verschiedenen Steinen und die typischen Steingartenpflanzen. Die meisten dieser Pflanzen bevorzugen trockene und sonnige Standorte sowie durchlässige Böden. Staunässe mögen sie nicht. Bei den Steinen gibt es ein riesiges Angebot. Wählen Sie nach Ihrem Geschmack und achten Sie darauf, dass die Steine gut miteinander harmonieren, aber unterschiedliche Größen haben. Pflanzen Sie nicht zu dicht, damit die Steine noch zur Geltung kommen.

GUT ZU WISSEN: Entscheiden Sie sich vorab für ein Farbkonzept bei Steinen und Pflanzen. Mischen Sie nicht zu viele Gesteinsarten und Farben, sonst wirkt das Beet schnell unruhig.

TIPP

» Achten Sie bei der Auswahl der Pflanzen auf Standortansprüche und unterschiedliche Blühzeiten. Dann haben Sie das ganze Jahr Freude an Ihrem Steingarten. «

1 Planen und Skizze anfertigen

↑ Suchen Sie den passenden Standort und fertigen Sie eine Skizze an. Dort zeichnen Sie maßstabsgetreu die vorgesehene Fläche ein. Notieren Sie die vorherrschenden Lichtverhältnisse und den Schattenwurf (Bäumen und Bauten) sowie die Bodenbeschaffenheit. Zeichnen Sie dann Gestaltungselemente wie Treppen, Sitzplätze und Wege ein.

2 Hanglage

Typischerweise werden Steingärten in einer Hanglage von etwa 10 Prozent angelegt, damit Regen- und Gießwasser abfließen können. Aber auch auf ebenen Flächen können Sie einen Steingarten anlegen. Hierzu müssen Sie allerdings mehr Substrat aufschütten.

GUT ZU WISSEN: Wenn Sie einen Steingarten neu anlegen, entfernen Sie zunächst gründlich das Unkraut. Auf diese Weise können die langsam wachsenden Steingartenpflanzen störungsfrei anwurzeln.

Heben Sie auf der gesamten für den Steingarten vorgesehenen Fläche den Boden 30–50 Zentimeter tief aus. Wenn nötig, können Sie dabei bereits das Gefälle verstärken.

3 Boden ausheben

4 Wurzeln und Unkraut entfernen

Entfernen Sie mit einer Harke alle Wurzeln und sämtliche Unkrautpflanzen auf der Steingartenfläche bis auf die kleinsten Reste. Danach können Sie die Fläche mit Wühlmausdraht auslegen.

5 Ausrichtung

Die typischen Steingartenpflanzen lieben viel Sonne und Trockenheit. Dies sollten Sie bei der Neuanlage berücksichtigen, indem Sie Ihren Steingarten möglichst nach Süden oder Südwesten hin ausrichten. Auch Schatten sollten Sie möglichst vermeiden.

STAUNÄSSE VERMEIDEN

Steingartenpflanzen mögen keine „nassen Füße". Deshalb sollte man unbedingt für eine gute Drainage der Beete sorgen.

Nun folgt eine Drainageschicht. Verteilen Sie hierfür 10–20 Zentimeter hoch magere, steinige Erde, Sand, Kies oder Bauschutt im Aushubraum. Wenn gewünscht, können Sie dabei kleine Hügel und Täler formen.

6 Karge, steinige Erde oder Bauschutt einfüllen

7 Unkrautvlies auslegen

Legen Sie die Fläche dann mit Unkrautvlies aus. Wichtig ist es, dass sich die einzelnen Vliesmattenteile ausreichend überlappen (mindestens 10 Zentimeter).

Schütten Sie danach das Beet 20–30 Zentimeter hoch mit karger, steiniger Pflanzerde auf, z. B. unkrautfreier Mutterboden, gemischt mit ca. 30–50 Prozent Gesteinssplitt oder Schotter.

8 Mit karger Erde aufschütten

9 Ausgewählte Steine setzen

Die markantesten Solitärsteine in unregelmäßigen Abständen von Groß nach Klein platzieren und mit der größten Fläche nach unten bis zu einem Drittel weit in den Boden setzen. Hohlräume mit Sand auffüllen. Danach folgen Gestaltungselemente wie Treppen, Bänke etc.

Nach einigen Tagen setzen Sie dann die ausgewählten Pflanzen. Typische Steingartenpflanzen sind trockenheitsliebende Alpenpflanzen wie z. B. Alpenaster, Enzian, Grasnelken, Steinbrech oder Thymian.

10 Pflanzen setzen

11 Schotter oder Kiesel zwischen die Pflanzen

Zum Schluss bringen Sie zwischen den Pflanzen eine 1 Zentimeter starke Schicht aus Schotter, Gesteinssplitt oder Kieseln auf. So trocknet die Oberfläche schneller und Unkraut breitet sich weniger rasch aus.

Präriegarten bepflanzen

Präriegarten bepflanzen

Gewächse, die in der Prärie überleben wollen, müssen äußerst robust sein. Das können Sie sich beim Anlegen eines Präriegartens zunutze machen. Besonders gut gedeihen Wildstauden und deren Kulturformen an einem sonnigen Standort mit durchlässigem Boden. Meist handelt es sich bei Präriepflanzen um Tiefwurzler, deren Wurzeln weit ins Erdreich reichen. So versorgen sie sich selbst mit Wasser. Gießen müssen Sie in einem Präriegarten kaum, lediglich bei extremen Hitzeperioden. Da die meisten dieser Stauden im Sommer und Herbst blühen, pflanzen Sie zusätzlich einige Frühjahrsblüher für ein ganzjährig attraktives Staudenbeet hinzu.

GUT ZU WISSEN: *Präriegärten sollten vor allem durch eine strukturierte Kombination von Farben und Formen überzeugen. Neben mehrjährigen Stauden eignen sich Gräser und Frühjahrsblüher für eine gelungene Gestaltung.*

TIPP

» Mit der Pflanzengemeinschaft in einem Präriegarten bieten Sie Schmetterlingen und anderen Insekten sowie Vögeln und Kleintieren Nahrung und Unterschlupf. «

Präriegärten sind von den Landschaften Nordamerikas inspiriert. Widerstandsfähige Gräser und farbenprächtige Blütenstauden wie Schafgarbe, Fetthenne, Blauraute oder Indianernessel bilden die Basis dieses Gartentypus.

1 Pflanzen auswählen

2 Boden auflockern

Zunächst wird der Boden 20 Zentimeter tief gelockert. Je nach Bedarf sollte man den Boden zusätzlich mit Humus anreichern. Bei der Verwendung von Gartenkompost darauf achten, dass er möglichst frei von Unkrautsamen ist.

Wichtig ist es, Unkräuter und Unkrautsamen möglichst gründlich zu entfernen, um sich die spätere Arbeit zu erleichtern. Denn wenn das Beet fertig ist, ist das Jäten nur mit viel Aufwand möglich.

3 Unkraut entfernen

4 Lehmigen Boden mit Sand auflockern

Präriestauden benötigen einen durchlässigen Boden. Schweren, lehmigen Böden sollten Sie daher Sand, Splitt oder Lavagranulat beimengen, um die Bildung von Staunässe zu vermeiden.

Zunächst pflanzt man Ziergräser wie z. B. Moskito- oder Plattährengras und Stauden wie etwa Großblattphlox. Eher kleine bis mittelgroße Gräser wählen, damit die Stauden gut zur Geltung kommen.

5 Zuerst Ziergräser und Stauden pflanzen

DER RICHTIGE STANDORT

Ihren Präriegarten sollten Sie an einem hellen Standort anlegen. Die Gräser sollten täglich mindestens vier Stunden direktes Sonnenlicht erhalten. Präriegräser und die meisten passenden Stauden stellen keine hohen Ansprüche an die Bodenbeschaffenheit und vertragen sandige ebenso wie humusreichere Böden.

BODEN UND PFLANZABSTÄNDE

Man unterscheidet zwei Prärietypen: Hochgras- und Kurzgrasprärie. Ersterer umfasst Pflanzen, die nährstoffreiche, gleichmäßig feuchte Böden mögen, Letzterer solche, die sehr niederschlagsarme Gegenden bevorzugen. Beim Ersteren (z. B. Reitgras, Purpur-Dost) pflanzt man sechs bis sieben Pflanzen pro Quadratmeter. Beim Letzteren (z. B. Wimper-Perlgras, Staudenlein) rechnet man mit bis zu zwölf Pflanzen pro Quadratmeter.

6 Danach: Füllpflanzen und Bodendecker

Danach gleichmäßig die Bodendecker und Füllpflanzen verteilen. Hier hilft eine Handschaufel. Sehr schön machen sich z. B. Duftnesseln und Kokardenblumen zwischen Präriestauden wie dem Sonnenhut.

Pflanzen Sie zur Verlängerung der Blütezeit im Frühjahr und Herbst zwischen Ziergräser und Stauden in Gruppen verteilt ausdauernde Knollen- und Zwiebelpflanzen wie z. B. Präriekerze, Sternkugel-Lauch oder Wildtulpen.

7 Zum Schluss: Blumenzwiebeln setzen

8 Mulchen mit mineralischem Mulch

Nach der Pflanzung verteilen Sie eine 7–8 Zentimeter hohe Schicht aus Mineralmulch (z. B. Lavasplitt oder Natursteinschotter) um die Pflanzen. Diese schützt den Boden vor Erosion und hält Unkraut im Zaum.

Anschließend sollten Sie die frisch gepflanzten Pflanzen in Ihrem Präriegarten gut gießen. Im ersten und eventuell noch im zweiten Jahr bei extremer Trockenheit sollte ebenfalls noch regelmäßig gegossen werden.

9 Frisch gepflanzte Pflanzen gut gießen

10 Unkrautkontrolle und Gießen

Anfangs heißt es noch: regelmäßig wässern und jäten. Nach spätestens zwei Jahren kommt das Beet mehrere Wochen ohne Wasser aus und das Jäten beschränkt sich auf die Kontrolle alle drei Wochen während der Vegetationsperiode.

Den Winter über bleiben die Pflanzen stehen. Erst Ende Februar/Anfang März müssen Sie den Bewuchs dicht über dem Boden abschneiden. Aber auch während des Jahres sollten Sie verwelkte Pflanzenteile wie Blüten entfernen.

11 Rückschnitt im Februar

GUT ZU WISSEN:

Damit der Präriegarten ganzjährig wirkt, sollten Sie die Blütefolgen beachten. So können im Frühling Zwiebelblumen wie Schneeglanz oder Narzisse den Garten verschönern, im Sommer Prachtscharte oder Mädchenauge und im Herbst verschiedene Asternarten. Gräser wie Goldbartgras und Rutenhirse geben dem Beet Struktur bis in den Winter hinein.

Topfgärten gestalten

Mit einem Topfgarten können Sie ohne großen Aufwand ein kleines Paradies für Mensch und Tier auf kleinem Raum schaffen. Zudem ist solch ein Garten sehr wandelbar und flexibel, er kann mit der richtigen Bepflanzung sehr pflegeleicht sein. Nach Wunsch lässt er sich immer wieder neu gestalten und an Ihre Bedürfnisse anpassen. Geeignet sind Topfgärten für Balkon, Terrasse oder auch für eine schöne Ecke im Garten. Planen Sie zunächst den Standort Ihres Topfgartens, denn danach richtet sich die Pflanzenauswahl. Wählen Sie frostfeste Töpfe, dann müssen Sie im Herbst nichts wegräumen. Wichtig sind Löcher im Topfboden und eine Drainage, damit das Wasser gut ablaufen kann.

GUT ZU WISSEN: *In einem Topfgarten lassen sich kleine und große Töpfe dekorativ arrangieren. Sehr hübsch sieht es auch aus, wenn Sie unterschiedliche Materialien und Formen kombinieren.*

TIPP

» Für einen pflegeleichten Topfgarten geeignet sind u. a. Akelei, Glockenblume, Wald-Erdbeere sowie der Blutrote Storchschnabel. Auch Katzenminze, Polsterseifenkraut und Gold-Aster kommen hier bestens zur Geltung. «

1 Standort festlegen

Überlegen Sie sich einen geeigneten Standort. Das kann ein Balkon oder eine Terrasse sein, aber auch ein Wintergarten. Sie können auch vor und im Eingangsbereich Ihres Hauses oder an einem Gartenweg einen kleinen Topfgarten anlegen, selbst im Zimmer oder auf der Fensterbank. Oder Sie schmücken einen Sitzplatz im Garten mit hübschen Blumentöpfen.

Nicht alle Pflanzen eignen sich für einen Topfgarten. Informieren Sie sich daher und lassen Sie sich gegebenenfalls beraten. Achten Sie hierbei auf Standortansprüche, Pflegeleichtigkeit und Verträglichkeit mit anderen Pflanzen.

2 Pflanzen auswählen

3 Pflanzgefäße auswählen

Im Handel gibt es eine große Auswahl an Töpfen aus verschiedenen Materialien wie z. B. Kunststoff, Terrakotta, Keramik, Metall, Naturstein und Holz. Hier entscheidet meist der persönliche Geschmack.

4 Pflanzgefäße: die richtige Größe

Ein Topfgarten kann aus vielen kleinen nebeneinandergestellten Töpfen bestehen oder aus mehreren Pflanzen in einem größeren Pflanzbehälter.

DÜNGEN UND GIESSEN

Düngen Sie mit Festdünger, den Sie nach dem Anwachsen alle paar Wochen oberflächlich mit einer Gabel in die Erde einarbeiten oder mit Flüssigdünger, der zum Gießwasser gegeben wird. Gießen Sie immer sanft und direkt auf die Topferde. Zur automatischen Bewässerung gibt es z. B. Wasserspeicher- oder Tropfbewässerungssysteme.

NÖTIGENFALLS UMTOPFEN

Wachsen die Wurzeln durch die Abflusslöcher im Topf, ist es höchste Zeit, die Pflanze in ein größeres Gefäß umzutopfen.

Es muss nicht immer das große Gemüsebeet sein. Für Topfgärten eignen sich z. B. Salat, Tomaten, Paprika, Erbsen und Bohnen. Achten Sie jedoch auf ausreichend große Kübel und nötigenfalls eine Stütze.

5 Terrassen-Gemüsegarten

6 Torffreies Substrat

Verwenden Sie ein Substrat, das auf die Nährstoffansprüche der Pflanze abgestimmt ist, die Sie pflanzen möchten. Inzwischen gibt es auch ein gutes Angebot an nachhaltig produzierten torffreien Varianten.

GUT ZU WISSEN:

Für den Topfgarten eignen sich einjährige Pflanzen gut. Ansonsten müssen Sie die Pflanzen vor Erfrierung schützen, z. B. indem Sie sie im kühlen Keller oder Treppenhaus überwintern.

7 Wasserabfluss

Besonders wichtig ist es bei Topf- und Kübelpflanzen, Staunässe zu vermeiden. Daher sollten Sie immer Töpfe mit Abflusslöchern und Untersetzern verwenden, damit das Gießwasser abfließen kann.

8 Für Drainage sorgen

Die Drainage unterstützt den Wasserabfluss. Geben Sie vor dem Bepflanzen eine Schicht Blähton oder Kies in den Topf. Die Höhe der Schicht sollte sich an der Größe des Topfes orientieren.

9 Beim Pflanzen auf Abstand achten

Wenn Sie mehrere Pflanzen in einem Gefäß zusammenpflanzen, sollten Sie auf ausreichende Pflanzabstände achten, damit sich die Pflanzen nicht gegenseitig in ihrem Wachstum behindern.

Es gibt verschiedene Möglichkeiten, Pflanzentöpfe zu arrangieren. So können Sie die Pflanzen beispielsweise erhöht aufstellen, z. B. auf einer dekorativen Kiste oder auf einer Pflanzentreppe.

10 Arrangement festlegen

11 Idee: Mini-Steingarten

Besonders pflegeleicht ist ein Mini-Steingarten mit trockenheitsresistenten oder sukkulenten Pflanzen wie Hauswurzen in einer Pflanzschale. Die mit Sand vermischte Erde wird am Schluss mit Kies bedeckt.

PFLEGELEICHTE PFLANZEN-ARTEN VON A–Z

Zierpflanzen im Seniorengarten

Zierpflanzen im Seniorengarten

Viele Zierpflanzen sind pflegeleicht und eignen sich wunderbar für die Gestaltung von Gärten und Balkonen für Senioren. Durch neue Züchtungen sind sie in großer Vielfalt erhältlich und passen sich durch diverse Arten und Sorten optimal Ihren Wünschen an. Sei es hinsichtlich Standort, Wuchshöhe, -breite oder Farbe.

FARBENFROH DURCHS GARTENJAHR

Pflegeleichte Zierpflanzen bringen Struktur und Farbe in Ihren Garten. Ob Ziergehölze, -stauden, Zwiebel- und Knollengewächse, Kübelpflanzen oder Beet- und Balkonblumen. Damit es möglichst das ganze Jahr hindurch grünt und blüht, kommt es auf gute Planung und gezielte Pflanzenauswahl an. Das fröhlich bunte Gartenjahr beginnt mit Frühblühern, denen die üppigen Sommerblüher folgen. Diese werden von leuchtenden Herbstfarben abgelöst. Den Abschluss bilden die dezenten oder frischen Farbakzente, die einige Gehölze und Stauden auch in den Wintermonaten setzen. Immergrüne Pflanzen lockern die weniger farbenprächtigen Monate im Jahreszeitenverlauf ebenfalls auf. Unterstützt wird die Jahresbepflanzung durch die beliebten Ziergräser, die Garten und Beet eine abwechslungsreiche Struktur verleihen. Gräser sind für jeden Standort erhältlich und sind sowohl im Beet als auch im Topf oder Balkonkasten prächtig anzuschauen.

GESTALTEN MIT STAUDEN UND BODENDECKERN

Stauden gehören zu den unermüdlichen Dauerblühern im Garten. Die winterharten Sorten erfreuen Sie jedes Jahr aufs Neue und sind zudem pflegeleicht und sehr robust. Dank der großen Auswahl finden Sie für jeden Standort und Gartenboden genau das Richtige. So gibt es niedrige und hohe Stauden, robuste Pflanzen für schwierige Standorte und die sogenannten Dauerblüher. Letztere eignen sich hervorragend auch für die Gestaltung kleinerer Beete. Zudem erfreuen Sie mit den dauerblühenden Stauden nicht nur Augen und Seele, sondern auch die Insektenwelt. Bienen, Hummeln & Co. können sich vom Frühling bis zum Herbst am Nektar laben. Und dann sind da noch die Stellen unter lichten Gehölzen wie Bäumen und Sträuchern oder absonnige Nordseiten, wo scheinbar nichts wachsen will. Das ist die Stunde der Bodendecker. Viele dieser ausdauernden und zum Teil blühfreudigen Pflanzen fühlen sich im Halbschatten besonders wohl und kommen auch mit weniger Licht zurecht. Denken Sie hier z. B. an den Purpurblauen Steinsame oder die unverwüstliche Waldsteinie. Bei der Gestaltung mit Zierpflanzen sind Ihnen also keine Grenzen gesetzt. Stellen Sie sich aus dem umfangreichen Sortiment Ihren persönlichen Pflanzplan zusammen und freuen Sie sich auf eine baldige Farbenpracht.

TIPP

» Hauptpflanzzeit für Stauden sind Frühjahr und Herbst. Wurzelnackte Pflanzen (ohne Topfballen) erhalten Sie nur zu bestimmten Zeiten im Jahr. Sie sollten diese dann direkt an die vorgesehene Stelle pflanzen. «

Dauerblüher im Staudenbeet wie Phlox, Sonnenhut oder Ziersalbei bringen Farbe in den Garten und machen kaum Arbeit. Pflanzen Sie dazwischen pflegeleichte Bodendecker, ist auch Unkraut kein Thema mehr.

1 Blühfreudige Stauden

2 Steingartenpflanzen

Weitere tolle Kombinationen von pflegeleichten Stauden und Bodendeckern sind auch in Steingärten möglich. Viele der Steingartenpflanzen fühlen sich zudem auch auf dem Balkon wohl.

3 Elegante Ziergräser

Elegante Ziergräser wie Pampasgras, Lampenputzergras oder Chinaschilf lockern Staudenbeete auf, sind ein toller Sichtschutz und schmücken auch im Winter Ihren Garten.

PFLEGEARBEITEN

Einige Pflegearbeiten sind allerdings auch bei pflegeleichten Stauden notwendig. Zum einen sollten Sie nach der Blüte die verblühten Blütenstände abschneiden, zum anderen ist im Herbst und im Frühjahr ein Rückschnitt nötig, um die Blühfreudigkeit zu erhalten. Gönnen Sie Ihren Stauden im Frühjahr dann noch etwas Kompost, steht dem Blütenmeer nichts mehr im Weg.

Aquilegia

Akelei

Bereits im Mittelalter hatte das grazile Hahnenfußgewächs seinen ersten großen Auftritt in Klostergärten sowie adeligen Lustgärten. Heute wird die grazile Akelei in vielen Gärten aufgrund ihrer bezaubernden Blüten geschätzt. Sie eignet sich für Blumenbeete und Bauerngärten und mag sonnige bis halbschattige Standorte.

Die Akelei ist in vielen Arten und Sorten erhältlich und ist als Selbstaussäer bekannt. Wird sie rechtzeitig vor dem Samenansatz gezielt zurückgeschnitten, können Sie eine ungewollte Ausbreitung verhindern. Ansonsten verbreiten sich die Pflanzen gerne im gesamten Garten, wobei die Blüten der neuen Pflanzen oftmals ganz andere Farben haben. Akeleien lieben nährstoffhaltige, kalkreiche Böden und blühen von Mai bis Juli. Dann erscheinen die elegant nickenden Blüten und verschönern mit den unterschiedlichsten Farben ihren Garten. Je nach Wunsch erhalten Sie die Akelei in verschiedenen Größen, maximal wird sie 1 Meter hoch. Sie ist als Schnittblume geeignet und lässt sich mit spät blühenden Tulpen und frühen Rosen zu einem romantischen Strauß binden. Die Mini-Akelei *Aquilegia flabellat* blüht im Juni und Juli und erreicht eine Wuchshöhe von bis zu 20 Zentimeter.

STECKBRIEF

- Sonne/ Halbschatten
- mittel
- 20–100 cm
- Mai–Juli
- Selbstaussäer/ Blumenbeet, Bauerngarten, Steingarten, Topfgarten, Tröge
- Akeleien enthalten Magnoflorin und blausäurebildendes Glycosid

Akeleien sind insgesamt recht unkomplizierte Pflanzen, die für eine optimale Wirkung am besten in Gruppen gesetzt werden.

1 Gruppenpflanzung

2 Niedrige Sorten im Steingarten

Für sonnige Steingärten empfehlen sich besonders die kleine *Aquilegia flabellata* oder andere kleine Arten, die auch hervorragend in Töpfen und in Pflanztrögen aussehen.

Dianthus barbatus

STECKBRIEF

- *Sonne*
- *niedrig*
- *20–70 cm*
- *Mai–September*
- *Blumenbeet, Hochbeet*

Bartnelke

Bartnelken sind zweijährige krautige Pflanzen, die im ersten Jahr nur eine Blattrosette bilden. Im zweiten Jahr erscheinen dann die filigranen Blütenstände. Die Blütezeit reicht je nach Art von Mai bis in den September. Für wild-romantische Staudenbeete oder auch Duftgärten ist die pflegeleichte Bartnelke bestens geeignet.

1 Für robuste Staudenbeete

Kombiniert mit Sommerblumen und Stauden, erhalten Sie mit Bartnelken bunte und abwechslungsreiche Beete.

Vor allem in Gruppenpflanzungen kommt das Farbenspiel der Blüten hervorragend zur Geltung.

2 Blütenvariationen

Die Bartnelke gehört zu den zweijährigen Blumen, die über Wochen hinweg blühen und immer wieder neue Blüten entwickeln. Wie viele Zweijährige stellt sie keine besonderen Ansprüche an den Gartenboden und kommt mit den unterschiedlichsten Bedingungen zurecht. Allzu mageren Boden und Staunässe sollten Sie vermeiden. Sie zeigt sich ansonsten sehr robust und ist daher als pflegeleichte Gartenpflanze empfehlenswert. Auch wenn sie oft etwas stiefmütterlich behandelt wird, lohnt es, eine Lanze für die Bartnelke zu brechen. Denn sie ist wirklich sehr anspruchslos und beweist sogar beim Termin zum Aussäen Flexibilität. Zwischen April und Mai ziehen Sie sie in Töpfen vor und pflanzen Sie dann ab Juni als Jungpflanzen ins sonnige Blumenbeet. So entwickeln sie sich bis zum Herbst zu kräftigen Pflanzen. Die Direktsaat ist übrigens auch möglich. Dann heißt es Geduld haben, denn die schönen Blüten gibt es erst im nächsten Sommer. Wer es gar nicht erwarten kann, greift zur Sorte ‚Bodestolz', die bereits im Jahr der Aussaat blüht.

Blaukissen

Ist von Blaukissen die Rede, sind in der Regel die *Aubrieta*-Hybriden gemeint. Sie bilden schöne leuchtende Polster und eignen sich ideal zur Bepflanzung von Steingärten und Trockenmauern. Die Polsterstauden sind niedrigwüchsige und ausdauernde krautige Pflanzen, die in verschiedenen Farbtönen erhältlich sind.

Blaukissen zeigen sich mit leuchtenden Blütenfarben und sind im Steingarten, auf Trockenmauern, als Bodendecker, an Böschungen, aber auch für Gruppenpflanzungen einsetzbar. Zudem gedeihen die Pflanzen auch problemlos in Topf oder Kübel. Je nach Sorte präsentieren sie sich in verschiedenen Blautönen, Rosa, Rot oder Violett. Während der Blütezeit von April bis Mai sind sie vollständig von unzähligen kleinen Blüten bedeckt. Sie mögen einen sandigen bis lehmigen, durchlässigen Boden und volle Sonne. Als Kombinationspartner haben sich Steinkraut, Schleifenblume, Bartiris oder Wolfsmilch bewährt. Staunässe mögen sie allerdings nicht. Damit die Blüten schön dicht nachwachsen, sollten Blaukissen jährlich nach der Blüte zurückgeschnitten werden. Ansonsten gehören sie zu den pflegeleichten Pflanzen, auch Krankheiten und Schädlinge sind bei Blaukissen nicht bekannt. Zudem sind die Polsterstauden schneckenunempfindlich.

Pflanzzeit für die immergrünen Polsterstauden ist im Frühjahr. Der Boden sollte kalkhaltig und nährstoffreich sein. Bei langer Trockenheit sollten die Pflanzen etwas gewässert werden.

Den Frühling für Neupflanzungen nutzen

Aubrieta-Hybriden

STECKBRIEF

- Sonne
- niedrig
- ca. 5–10 cm
- April/Mai
- Steingarten, Trockenmauer, Topf, Kübel, Tröge, zur Einfassung von Wegen

Rosa

Bodendecker-rose

Diese Rosen sind sehr pflegeleicht und eignen sich hervorragend als Unkrautverhinderer. Bei der Farbauswahl können Sie aus dem Vollen schöpfen – von Gelb über Rosa bis hin zu Rot.

Bodendeckerrosen werden auch als Kleinstrauchrosen bezeichnet, mögen einen durchlässigen Boden und benötigen kaum Pflege. Viele dieser Sorten blühen öfter und zeigen sich im Gegensatz zu manch anderen Rosen sehr robust. Es lohnt sich, auf ADR-Rosen zurückzugreifen, da diese besonders robust und wenig krankheitsanfällig sind. Als Sorten kommen beispielsweise ‚Heidetraum', ‚Apfelblüte', ‚Schneeflocke' und ‚Medusa' infrage. Auch ‚Mirato', ‚Magic', ‚Nemo' und viele weitere sind für sommerliche Blütenteppiche geeignet. Eine der kleinsten Sorten ist die ADR-Zwergrose ‚Sonnenröschen', die sich für Töpfe, Gefäße, Steingärten und aufgrund ihres dichten Wuchses als Bodendecker einsetzen lässt. Sie wird zwischen 25–30 Zentimeter hoch und ist sehr blühfreudig. Mit einer Höhe bis zu 140 Zentimeter weitaus größer, aber eine ebensolche Schönheit ist die ADR-Bodendeckerrose ‚Schneekönigin'. Sie duftet leicht und bezaubert mit weißen, halbgefüllten Blüten.

STECKBRIEF

- Sonne/Halbschatten
- mittel
- 25–140 cm
- Mai–Oktober
- Unkrautverhinderer, Bodendecker, Steingarten, Kübel, Terrasse, Balkon

Pflanzen Sie die Rosen in kleinen oder größeren Gruppen oder kombinieren Sie sie mit anderen Stauden oder Zwiebelblumen.

1 Mehr Wirkung in Gruppen

2 Winterharte Kübelpflanze

Bodendeckerrosen sind sehr vielseitig einsetzbar und eignen sich auch als Blumenschmuck in Kübeln für Balkon und Terrasse.

Pachysandra terminalis

Dickmännchen

Dickmännchen bzw. Ysander ist ein immergrüner, niedriger Halbstrauch, der sich hervorragend als Bodendecker für halbschattige bis schattige Standorte eignet. Selbst unter dichten Laubbäumen kann die robuste und anspruchslose Schattenstaude gepflanzt werden. Seine weiße Blütenpracht zeigt das Dickmännchen von April bis Mai.

Das Dickmännchen schmückt sich mit vielen Namen. So ist es u. a. als Schattengrün, Ysander, Japanischer Ysander oder Dickanthere bekannt. Es gehört zur Familie der Buchsbaumgewächse und stammt ursprünglich aus den Wäldern Japans und Chiles. Als Schattengrün liebt es halbschattige bis schattige Lagen, humosen, frischen Boden und genügend Feuchtigkeit. Es ist schneckenunempfindlich und erreicht Wuchshöhen bis zu 25 Zentimeter. An passenden Standorten breitet es sich durch seine unterirdischen Ausläufer schnell aus. Kahle Bodenbereiche werden schon bald mit einem dichten immergrünen Teppich bedeckt. Da sich die Pflanze im Schatten wohlfühlt, verschönert das immergrüne Dickmännchen auch die Bereiche im Garten, die wenig bis keine Sonne sehen. Auch in der kalten Jahreszeit zeigt es sein frisches Grün und präsentiert zusätzlich von April bis Mai seine weißen Blüten. Empfehlenswert ist ein Pflanzabstand von 40–50 Zentimeter.

STECKBRIEF

- Halbschatten/ Schatten
- mittel bis hoch
- 15–25 cm
- April–Mai
- Unkrautverhinderer, Bodendecker, Unterpflanzung von Gehölzen
- giftig!

Besonders geeignet ist das anspruchslose Dickmännchen, das sich über Wurzelausläufer vermehrt, als Bodendecker und als Unterpflanzung von größeren Gehölzen.

Bodendeckerpflanze für den Schatten

Edeldistel

Eigentlich heißt sie Mannstreu, doch die distelähnliche Staude wird meist als Edeldistel bezeichnet. Ihre volle Pracht entfaltet sie in Gesellschaft niedriger Pflanzen und Stauden. Erhältlich ist die unkomplizierte Staude in verschiedenen Formen und Farben. Die Blüten werden von zahlreichen Schmetterlingen und Bienen umschwirrt und bieten ihnen reiche Nahrung.

Die stachlige Schönheit bezaubert durch ihre Blüten – je nach Sorte – von Juni bis August. Ihre Blätter sind hart und dornig. Besonders wohl fühlt sich die Edeldistel an einem sonnigen, warmen und windgeschützten Standort. Beim Boden ist sie nicht wählerisch. Sie kommt mit normalen Bodenverhältnissen gut zurecht. Auch Trockenheit schadet ihr nicht, ständige Feuchtigkeit braucht sie für ihr Gedeihen nicht. Nur anfangs zum Anwachsen benötigt sie regelmäßig Wasser. Staunässe sollte vermieden werden. Da die Pflanze bis zu 1 Meter hoch wächst, ist sie als Sichtschutz gut geeignet. Auch naturnahe Bauerngärten werden durch Edeldisteln verschönert. Pflanzzeit ist im Frühjahr. Mannstreu ist sehr pflegeleicht und äußerst robust. Krankheiten und Schädlinge treten kaum auf. Eine beliebte Sorte ist u. a. die Elfenbeindistel (*Eryngium giganteum*), die bis in den Herbst hinein den Garten verschönert. Im Frühjahr wird sie bis auf die Blattrosette zurückgeschnitten.

Niedrige Edeldisteln eignen sich gut für Steingärten, höhere in Kombination mit unterschiedlichen Gräsern für Kiesbeete und Präriepflanzungen.

1 Stachelige Akzente

2 Winterschmuck

Auch im Winter können die Blütenstände ungeschnitten im Garten verbleiben und sind in der kalten Jahreszeit ein filigraner Blickfang.

Eryngium

STECKBRIEF

- Sonne
- niedrig
- 30–100 cm
- Juni–August
- Kiesbeet, Steingarten, Präriegarten

Fetthenne

Die pflegeleichte Gartenpflanze punktet mit vielgestaltigen Blattformen und Farben. Sie eignet sich für Einfassungen, Steingärten und Beete sowie als Bodendecker und Dachbegrünung. Als ausdauerndes und anspruchsloses Dickblattgewächs ist sie auf trockene und magere Böden sowie einen vollsonnigen Standort spezialisiert.

Wichtige Insektenweide im Spätsommer

Die Blüten der Fetthenne sind bei Insekten aller Art eine beliebte und gern besuchte Nahrungsquelle im Garten.

Die Fetthenne umfasst rund 500 Arten, ihr Name bezieht sich auf die dickfleischigen Blätter, die der Pflanze als Wasserspeicher dienen. So kommt sie auch auf mageren und steinigen Böden und mit Trockenheit zurecht. Staunässe hingegen mag die Fetthenne nicht. Das Angebot reicht von klein bleibenden teppichbildenden Arten wie *Sedum album* bis hin zur höher wachsenden Fetthenne *Sedum telephium*. Einige Arten sind wintergrün und sorgen auch in der kalten Jahreszeit für Struktur im Gartenbeet. Die Blütezeit reicht von Juni bis Oktober, wobei die Blüten in Weiß, Gelb, Rosa oder Karminrot leuchten. Da die Pflanzen ausgesprochen robust sind, brauchen sie wenig Pflege. Eine der spät blühenden Sorten ist *Sedum cauticola* ‚Robustum', die den Steingarten im August und September verschönert. Als kleinflächiger Bodendecker hat sich *Sedum spurium* ‚Fuldaglut' bewährt, die z. B. mit Grasnelken und Sonnenröschen eine pflegeleichte Gartengemeinschaft bildet.

Sedum

STECKBRIEF

- *Sonne*
- *niedrig*
- *10–60 cm*
- *Juni–Oktober*
- *Bodendecker, Steingarten, Topfgarten, Kübel, Staudengarten, Dachbegrünung, Einfassungen*

Digitalis

Fingerhut

Der Fingerhut gehört zur Familie der Wegerichgewächse. Als pflegeleichte Gartenpflanze hat der Fingerhut längst seinen wohlverdienten Stammplatz in zahlreichen naturnahen Gärten gefunden. Allerdings sollten Sie bedenken, dass er giftig ist. Für Gärten, in denen sich auch kleine Kinder aufhalten, ist er nicht geeignet.

Der Fingerhut passt mit seinen prächtigen Glockenblüten hervorragend in einen bunten Bauerngarten. Bei der meist zweijährigen Pflanze wächst im ersten Jahr die Blattrosette, im zweiten Jahr blüht die Pflanze dann. Manchmal blüht sie in den Folgejahren erneut. Ein Neukauf ist aber nicht notwendig, denn der Fingerhut sät sich selbst aus, wenn die Pflanze nicht zu früh zurückgeschnitten wird. Je nach Sorte wird er 80–150 Zentimeter groß und blüht in Weiß, Gelb, Rosa oder Rot. Etwas Besonderes ist die Sorte *Digitalis purpurea* ‚Suttons Apricot', mit attraktiver lachsrosa Blüte, die sich von Juni bis Juli zeigt. Da der Fingerhut eine anspruchslose Pflanze ist und auch im Schatten gedeiht, hat er in vielen Gärten ein Zuhause gefunden. Er bevorzugt lockeren, nähstoffreichen Boden und fühlt sich auch am Rande von Gehölzen wohl. Der Boden sollte stets feucht sein, Staunässe allerdings verträgt die Pflanze nicht. Bienen und Hummeln bieten Fingerhüte eine willkommene Nahrungsquelle.

STECKBRIEF

- *Halbschatten/Schatten*
- *mittel*
- *80–150 cm*
- *Juni–August*
- *Selbstaussäer/Blumenbeet, Bauerngarten*
- *giftig!*

Eine ideale Kombination für den romantischen pflegeleichten Garten: üppige Rosenbüsche und grazile Fingerhutstauden.

Perfekte Kombination

Frauenmantel

Der Frauenmantel gehört zur Familie der Rosengewächse und umfasst rund 1000 Arten. Die wohl bekannteste Art ist der Weiche Frauenmantel (*Alchemilla mollis*). Er wird gerne als Bodendecker und Rosenbegleiter genutzt und setzt in Staudengärten, an Teichufern und Beetkanten filigrane Akzente, die die Gesamtwirkung gut abrunden.

Die meisten *Alchemilla*-Arten sind pflegeleicht und sehr robust. Sie lieben sonnige Standorte, manche tolerieren auch leicht schattige Plätze. Am liebsten wachsen sie in einem normalen, durchlässigen Gartenboden, der bei den meisten Arten nicht zu stark austrocknen sollte. Nach der Blüte wird der Frauenmantel kräftig zurück geschnitten. So fördern Sie einen frischen Neuaustrieb und ein zu üppiges Versamen entfällt. Neben *Alchemilla mollis* finden sich in vielen Gärten auch der Zierliche Frauenmantel (*Alchemilla epipsila*), der Kleine Frauenmantel (*Alchemilla erythropoda*), der Filzige Frauenmantel (*Alchemilla glaucescens*) und der Silber-Frauenmantel (*Alchemilla hoppeana*). Der kleine *Alchemilla erythropoda* passt bestens in ein hübsches Pflanzgefäß oder in einen Steingarten. Er wird nur ca. 20 Zentimeter groß und blüht im Juni und Juli. Viele Frauenmäntel sind gute Kombinationspartner mit anderen Stauden, die die gleichen Standortansprüche haben.

Das frische Grün wirkt z. B. sehr schön zum Violett des Storchschnabels oder Zierlauchs.

1 Schöne Schmuckstaude

2 Leicht zu vermehren

Die einfachste Art, den Frauenmantel zu vermehren, ist durch Teilung der Rhizome.

Alchemilla

STECKBRIEF

- Sonne/ Halbschatten
- mittel
- 10–60 cm
- Mai–September
- Unkrautverhinderer, Bodendecker, Staudenbeete, Rosenbeete

Hosta

Funkie

Wer pflegeleichte Pflanzen für den schattigen Gartenbereich sucht, wird mit der Funkie fündig. Die Blattschmuckstaude für den halbschattigen bis schattigen Bereich beeindruckt mit großen Blättern in verschiedenen Formen und Farben und lässt durch ihren dichten Wuchs Unkraut keine Chance. Auch die zarten glockenförmigen Blüten werden zum Blickfang im Garten.

STECKBRIEF

- *Halbschatten/ Schatten*
- *mittel bis hoch*
- *15–90 cm*
- *Juli–August*
- *pflegeleichte Gartenpflanze, winterharte Kübelpflanze, Topfgarten*

1 Kübelpflanze

Auch als Topf- oder Kübelpflanze wirken Funkien sehr dekorativ.

Als ideale Partner im Halbschattenbeet eignen sich etwa Farne, Glockenblumen, Vergissmeinnicht, Gräser oder auch Frauenmantel und Storchschnabel.

2 Blattschmuck

Funkien, auch als Herzlilie oder Herzblattlilie bekannt, sorgen über viele Monate im Jahr für tolle Akzente im Garten. Sie sind langlebig, robust und eignen sich als Flächendecker oder Einzelpflanzen. Luftfeuchte Plätze wie in der Nähe eines Gartenteiches oder am Gehölzrand mögen Funkien am liebsten. Auch der Boden sollte feucht und humusreich sein. Bei über 4000 Sorten gibt es Funkien mit grünen, gelblichen oder bläulichen Blättern. Nach der Blattfarbe richtet sich auch das Bedürfnis nach Licht bzw. Schatten. Grünblättrige Arten wie die Lilien-Funkie (*Hosta plantaginea*) vertragen etwas mehr Sonne und trockenere Böden, ebenso manche Gelbblatt-Funkien wie z. B. die ‚Golden Tiara' (*Hosta nakaiana*). Für den Halbschatten hat sich die Sorte ‚Elegans' (*Hosta sieboldiana*) mit ihrem blaugrauen Laub bewährt, weißgrüne Sorten sollten hingegen an feuchten Standorten im Schatten stehen. Bis die Funkien groß und stattlich werden, braucht es etwas Geduld.

Campanula

STECKBRIEF

- *Sonne/ Halbschatten*
- *niedrig bis mittel*
- *10–200 cm*
- *Mai– September*
- *Kiesbeet, Steingarten, Einfassungen, Balkon, Zimmerpflanzen*

Glockenblume

Glockenblumen zeigen sich äußerst vielgestaltig und variantenreich. So finden Sie für jedes Plätzchen auf Balkon, Terrasse und im Garten die passende Pflanze. Erhältlich sind verschiedene Blütenfarben und -formen. Glockenblumen eignen sich für Wild- oder Steingärten, als Bodendecker oder auch zur Wegeinfassung.

Zu den bekanntesten Vertretern zählen die Pfirsichblättrige Glockenblume, die Polster-Glockenblume oder die Japan-Glockenblume. Auch für Schattenplätze gibt es geeignete Sorten wie die polsterbildende Glockenblume ‚Dickson's Gold'. Die dunklen Stiele der Sorte ‚Stella' sind zu den hellen violetten Blüten ein hübscher Kontrast. Für Beetkanten, Böschungen, Mauerkronen und Balkonkästen hat sich die Teppichglockenblume ‚Lisduggan Variety' bewährt. Sie blüht von Juni bis September, mag Sonne und Halbschatten und wird ca. 10 Zentimeter hoch. Viele Glockenblumenarten – wie die Pfirsichblättrige Glockenblume – gelten aufgrund ihrer romantischen Blütenform als beliebter Rosenbegleiter. Winterhart, pflegeleicht und anspruchslos ist die Dalmatiner Polster-Glockenblume, die von Juni bis August blüht und für Steingärten und Trockenmauern geeignet ist. Ebenso beliebt in Steingärten sind die Karpaten- und die Zwerg-Glockenblume.

Für Trockenmauern sind polsterförmig wachsende Glockenblumen wie die Sternpolster-Glockenblume *Campanula garganica* empfehlenswert.

Vielseitige Polsterstaude

Grasnelke

Ihren grasartigen, immergrünen Polstern und den nelkenartigen Blüten verdankt die Grasnelke ihren Namen. Einige Arten wie die *Armeria maritima* gedeihen gut in Steingärten und lassen sich als Randbepflanzung in Beeten verwenden. Sie sind in verschiedenen Blütenfarben erhältlich. Die mehrjährige Pflanze zeigt sich pflegeleicht und ist schneckenunempfindlich.

Die Grasnelke *Armeria maritima*, auch als Strand-Grasnelke bekannt, ist eine niedere, immergrüne und polsterbildende Staude, die einen vollsonnigen Standort liebt. Der Boden sollte trocken und durchlässig sein. Auch in puncto Nährstoffe zeigt sich diese Grasnelke sehr genügsam, ihr reicht ein nährstoffarmer Boden, der gerne auch sandig sein darf. Neben Steingärten passt sie auch bestens in ein Heidebeet oder in einen Heidegarten. Wer mag, kann die Stauden nach der Blütezeit, am besten im Herbst, teilen. Durch das Teilen wird der Austrieb angeregt und es entstehen zahlreiche neue Blüten. Dies brauchen Sie aber nicht jedes Jahr zu machen, sondern nur, wenn die Blühfreudigkeit mit den Jahren nachlässt. Dazu holen Sie die Polster mit einer Grabegabel aus dem Boden, teilen diese mit der Hand oder dem Spaten in mehrere Stücke und pflanzen die Teilstücke wieder ein. Den Mittelteil entsorgen Sie, denn dort verkahlen Polsterstauden häufig.

Die typischen kugeligen Blütenbällchen stehen über einem kompakten, grasartigen, dichten Laubpolster und verschönern den Garten auf elegante Weise.

1 Kompakter Wuchs

2 Farben von Weiß nach Rot

Farblich gibt es die verschiedenen Sorten der Grasnelke in Weiß, leuchtendem Rosa-Violett oder auch kräftigem Rot.

Armeria

STECKBRIEF

- Sonne
- niedrig
- 20 cm
- Mai–September
- Kiesbeet, Steingarten, Randbepflanzung, Bodendecker

Hortensie

Hortensien gelten als pflegeleichte Gartenpflanzen und bilden mit ihren blütenbesetzten Dolden hübsche Farbtupfer in Beet und Kübel. Die meisten Arten mögen Halbschatten, andere kommen auch mit einem sonnigen Plätzchen zurecht. Prinzipiell sind Hortensien winterhart, bei strengem Frost empfiehlt sich allerdings ein Winterschutz aus Reisig.

Hortensien mögen einen lockeren, tiefgründigen und humosen Boden. Außerdem darf der Standort gerne windgeschützt sein. Generell lieben die Pflanzen Wasser, daher muss die Erde besonders in sommerlichen Hitzeperioden immer feucht gehalten werden. Pflanzen Sie Hortensien im Kübel, sollten Sie darauf achten, dass keine Staunässe entsteht. Auch Topf- und Kübelpflanzen müssen geschützt werden. Die Sorte entscheidet über den Zeitpunkt und die Art des Rückschnitts. Empfehlenswert ist ein Schnitt Ende Februar bzw. Anfang März, wobei bei den Bauern-Hortensien (Gartenhortensie, Topfhortensie, Japanhortensie) nur die alten Blüten und Triebe entfernt werden. Schneiden Sie zu viel, wird die Pflanze nicht mehr oder kaum blühen, denn im Herbst werden bereits die Knospen für das nächste Jahr angelegt. Rispenhortensien hingegen können Sie auf ein bis zwei Knospenpaare zurückschneiden.

Für blaue Hortensien benötigen Sie einen sauren Boden, der in etwa der Bodenbeschaffenheit von Rhododendron entspricht. Um den sauren Boden im Kübel zu erhalten, sollten Sie zum Gießen ausschließlich Regenwasser verwenden.

Farbige Vielfalt

Hydrangea

STECKBRIEF

- *Halbschatten*
- *hoch*
- *30–70 cm*
- *Mai–Juli*
- *winterharte Kübelpflanze, Kübel, Staudenbeet, Rabatte*

Monarda

Indianernessel

Die Goldmelisse oder Monarde blüht von Juli bis September. Aufgrund ihrer Herkunft aus Nordamerika wird sie auch als Indianernessel bezeichnet. Sie eignet sich für Rabatten, Staudenbeete, aber auch als Schnittblume. Aus den frischen oder getrockneten Blättern kann man einen schmackhaften Tee zubereiten.

Die Indianernessel zählt zur Familie der Lippenblütler und kommt ursprünglich aus den USA. In Europa werden nicht die Wildformen, sondern meist gezüchtete Sorten genutzt. Besonderes Merkmal sind die auffallend rosa oder rot blühenden Blütenstände, die weithin leuchten. Mittlerweile gibt es die Indianernessel auch in Weiß. Im Handel werden meist Hybriden aus *Monarda didyma* und *Monarda fistuloda* angeboten, die recht anspruchslos in der Standortfrage sind. Sie lieben ein sonniges Plätzchen, geben sich aber auch mit Halbschatten zufrieden. Der Boden sollte frisch und nährstoffreich sein. Staunässe wird nicht gut vertragen. Die ca. 80–120 Zentimeter hohen Indianernesseln blühen von Juli bis September und eignen sich hervorragend für eine prärieähnliche Bepflanzung mit Sonnenbraut, Sonnenhut, Gartenknöterich und Goldkörbchen. Auch im Naturgarten machen diese Pflanzen in Kombination mit Glockenblume, Schwertlilie und Silberkerze eine gute Figur.

STECKBRIEF

- *Sonne/ Halbschatten*
- *niedrig*
- *bis 120 cm*
- *Juli–September*
- *Präriegarten, Naturgarten*

Zusammen mit Gräsern und dauerhaften Blühpflanzen wie der Schafgarbe fühlt sich die Indianernessel auch in Präriegärten sichtlich wohl.

1 Farbakzente im Präriegarten

2 Duftende Heilpflanze

Der Zitronenduft der *Monarda didyma* war wohl ein Grund, warum bereits die Oswego-Indianer aus den Blättern einen wohlschmeckenden Tee brauten.

Kleines Immergrün

Das Kleine Immergrün, auch Kleines Singrün genannt, ist ein immergrüner niedriger Halbstrauch mit einer Wuchshöhe von höchstens 15 Zentimeter. Es blüht von April bis Mai.

Vinca minor

Hübscher Bodendecker unter Gehölzen

Das Kleine Immergrün eignet sich hervorragend für die Unterpflanzung von kleineren Gehölzen. Es ist schwachwüchsig und ein pflegeleichter Bodendecker im Schatten.

Auch wenn halbschattige und schattige Gartenbereiche im Ruf stehen, schwierige Standorte für Pflanzen zu sein, so gibt es doch einige Stauden und Bodendecker, die sich an diesen Orten wohlfühlen. Zu diesen zählt das Kleine Immergrün. Es mag Halbschatten und Schatten und bringt im Frühling mit seinen weißen oder blauen Blüten hübsche Farbtupfer ins Beet. Je nach Sorte sind die Blüten und Blätter kleiner oder größer. Wie sein Name schon sagt, ist es immergrün und zeichnet sich durch fein texturiertes, glänzendes Laub aus. Die Sorte ‚Gertrude Jekyll' mit weißen Blüten ist zwar langsamwüchsig, bildet aber dichte Bestände und ist sehr blühfreudig. Ebenfalls weiß blüht die Sorte ‚Alba', deren Blüten und Blätter etwas größer sind. Auch dieses Immergrün bildet dichte Teppiche und ist ideal zur Unterpflanzung von Sträuchern und Bäumen. Zudem unterdrückt es das Unkraut. *Vinca minor* ist sehr pflegeleicht und benötigt keinen Winterschutz.

STECKBRIEF

- *Halbschatten/ Schatten*
- *niedrig*
- *10–15 cm*
- *April–Mai*
- *Unkraut-verhinderer, Bodendecker*

Cosmos

Kosmee

Die Kosmeen, auch als Schmuckkörbchen bekannt, gehören zur Familie der Korbblütler und sind in verschiedenen Arten erhältlich. Eine besondere Art ist die Schokoladen-Kosmee, die einen intensiven Duft nach Zartbitterschokolade verströmt. Sie blüht vom Sommer bis in den Herbst. Die wunderschönen Pflanzen gehören wohl zu den beliebtesten Sommerblumen.

1 Selbst ansäen

Ab Ende März können Sie Kosmeen auf der Fensterbank oder im Gewächshaus heranziehen.

Oder Sie kaufen nach den Eisheiligen Jungpflanzen in der Gärtnerei und setzen Sie ab Ende Mai, wenn sich der Boden gut erwärmt hat, ins Beet.

2 Jungpflanzen kaufen

Am wohlsten fühlen sie sich in frischen, nährstoffreichen und durchlässigen Böden. Bekommen sie dann noch einen sonnigen bis halbschattigen Standort, werden Sie mit einem herrlichen Blütenteppich belohnt. Von Juni bis September bezaubern die Schmuckkörbchen mit verschieden farbigen Blüten, die das Auge erfreuen und Bienen, Hummeln und Schmetterlingen als willkommene Nahrungsquelle dienen. Auch als Schnittblumen lassen sich die Sommerblumen bestens verwenden.

Kosmeen brauchen in der Breite etwas Platz, hohen Sorten sollten Sie eine Stütze geben. Besonders schön wirken sie, wenn sie in Gruppen von drei bis fünf Pflanzen gesetzt werden. Regelmäßiges Gießen, besonders im Sommer, ist sehr wichtig. Wer sich für die Schokoladen-Kosmee (*Cosmos atrosanguineus*) interessiert, sollte beachten, dass die Pflanze nicht winterhart ist. Im Herbst werden die Knollen aus der Erde geholt und wie Dahlien frostfrei und trocken überwintert.

STECKBRIEF

- *Sonne/ Halbschatten*
- *mittel*
- *30–120 cm*
- *Juni– September*
- *Selbstaussäer/ Blumenbeet, Schnittblume, Kübel, Duftgarten*

Pennisetum alopecuroides

Lampenputzer-gras

Ziergräser wie das Lampenputzergras sind nicht nur im Beet oder im Steingarten ein Hingucker, sondern verleihen auch im Kübel Balkon und Terrasse einen filigranen Charme.

Gräser sind eine gute Wahl für Ihren Garten, denn sie sind unkompliziert und für verschiedene Standorte erhältlich. Sind sie einmal angewachsen, brauchen sie nicht viel Pflege und auch Unkraut hat unter dem Gräserteppich kaum Chancen. Das Lampenputzergras, auch Federborstengras genannt, bezaubert durch seine fedrigen weißen, roten oder violetten Blütenstände und ist eine wunderbare Ergänzung zu blühenden Stauden. Auch in einem großen Kübel zeigt es sich als dekorativer Blickfang. Das Gras wächst dicht und buschig, hat grünes Laub und mag einen durchlässigen Boden. Wie alle Gräser verträgt auch das Lampenputzergras keine Staunässe. Ein sehr kleines Lampenputzergras, das nicht mehr als 30 Zentimeter Wuchshöhe erreicht, ist das *Pennisetum alopecuroides* 'Little Bunny'. Beste Pflanzzeit ist das Frühjahr an einem vollsonnigen Standort. Pflanzen Sie es im Kübel, sorgen Sie mit Reisig oder Vlies für eine geschützte Überwinterung.

Da die meisten Lampenputzergras-Sorten winterhart sind, müssen Sie die Kübel im Herbst nicht ins Haus räumen.

STECKBRIEF

- Sonne
- niedrig
- 30–120 cm
- Juli–Oktober
- Steingarten, Kübel

Blickfang auch im Winter

Lavendel

Lavendel eignet sich hervorragend für die Bepflanzung im Kiesbeet. Hier kommen die Pflanzen mit wenig Wasser und Nährstoffen aus und sind entsprechend pflegeleicht. Doch auch als Balkon- und üppig blühende Kübelpflanze hat sich der duftende Lavendel mit seinen leuchtenden lila Blüten längst bewährt.

Lavendel ist relativ anspruchslos, vorausgesetzt, der Halbstrauch bekommt einen sonnigen und möglichst windgeschützten Standort. Zudem sollte der Boden durchlässig sein, sodass keine Staunässe entsteht. Die Pflanze mag es eher karg, in nährstoffarmer, kalkhaltiger Erde gedeiht sie deshalb besonders gut. Düngen brauchen Sie nicht. Doch Lavendel hat noch mehr Vorteile: Er bietet Bienen, Hummeln und Schmetterlingen Nahrung und der Duft hält Nacktschnecken fern. Entscheiden Sie sich am besten für eine winterharte Sorte wie den Echten Lavendel, *Lavandula Angustifolia*. Er ist in verschiedenen Wuchshöhen und Farben erhältlich und eignet sich als Bodendecker, Begleitpflanze im Rosen- und Staudenbeet sowie für Hecken und Einfassungen. Auch im Kies- und Steingarten, in Kübeln und anderen Gefäßen zeigt sich die Duftpflanze als wunderschöner Blickfang. Lavendel kann auch als Gewürz eingesetzt werden. Es passt zu deftigen Gerichten, aber auch zu Süßspeisen.

Achten Sie bei der Kombination von Rosen und Lavendel auf die unterschiedlichen Standort- und Nährstoffansprüche der Pflanzen.

1 In Kombination mit Rosen

2 Als Kübelpflanze auf Terrassen

Auch als Topf- und Kübelpflanze macht Lavendel eine gute Figur.

Lavandula

STECKBRIEF

- *Sonne*
- *niedrig*
- *40–100 cm*
- *Juni–September*
- *Kiesbeet, Steingarten, Bodendecker, Balkon- und Kübelpflanze*

Coreopsis

STECKBRIEF

- Sonne
- niedrig
- 20–200 cm
- Mai–September
- Staudenbeet, Präriegarten, Balkon, Kübel

Mädchenauge

Das Mädchenauge gehört zur Familie der Korbblütler und ist eine ideale Blume für Balkon, Kübel und Beet. Die unkomplizierten Gartenpflanzen erfreuen Sie viele Monate lang mit ihren Blüten und präsentieren sich in leuchtenden Gelb-, Rot- und Brauntönen. Sie lieben die Sonne und mögen daher einen sonnigen Standort.

1 Blütenkombinationen testen

Mädchenaugen lassen sich gut mit anderen Stauden und Blühsträuchern kombinieren; für Präriegärten eignen sich z. B. *Echinacea* und *Helenium*.

Mit ihrer langen und reichen Blüte bis in den Herbst hinein ist das Mädchenauge eine sehr reizvolle und attraktive Blütenstaude.

2 Spätsommerliche Blütenpracht

Das ursprünglich in Nord- und Südamerika heimische buschig wachsende Mädchenauge fühlt sich in vielen Gärten wohl. Es schmückt Balkone und Terrassen und setzt bunte Farbtupfer im Beet. Mädchenaugen sind echte Dauerblüher! Die Wuchshöhen variieren stark. So gibt es kleinere Sorten wie *Coreopsis lanceolata* ‚Rotkehlchen' mit goldgelben Blüten und rot umrandeten Augen, die nur ca. 20 Zentimeter Wuchshöhe erreichen. Im Gegensatz dazu präsentiert sich *Coreopsis tripteris* mit einer stattlichen Höhe um die 2 Meter. Als Schnittblume ist das Großblumige Mädchenauge *Coreopsis grandiflora* ‚Schnittgold' besonders beliebt, denn aufgrund der längeren Stiele sehen sie in einer Vase, mit anderen Sommerblumen kombiniert, sehr dekorativ aus. Alle Mädchenaugen bevorzugen einen lockeren, humosen und nährstoffreichen Boden. Trockenheit macht ihnen weniger aus, Staunässe vertragen sie hingegen nicht.

Papaveraceae

Mohn

Insgesamt gibt es mehr als 100 verschiedene Arten, die zur Familie der Mohngewächse (*Papaveraceae*) gehören. In der Regel bevorzugen alle Mohnarten einen hellen vollsonnigen Standort mit tiefgründigem und nährstoffreichem Boden. Besonders pflegeleicht ist der Goldmohn, auch als Kalifornischer Mohn oder Schlafmützchen bekannt.

Der leuchtend orangegelb blühende Goldmohn ist vor allem wegen seiner traumhaften Blütenpracht, die die Pflanze von Juni bis September zeigt, bei Gartenfreunden hierzulande sehr beliebt. Die einjährige oder ausdauernd krautig wachsende Pflanze liebt es sonnig und ist äußerst pflegeleicht. Allerdings ist die Pflanze giftig, sollte also nicht in einem Garten, in dem sich auch Kinder aufhalten, angepflanzt werden. Neben dem Goldmohn gibt es weitere Mohnpflanzen, die Bauerngärten, Staudenbeete oder Rabatten verschönern. Wunderschön mit seinem reichen Farbenspiel wirkt z. B. der Islandmohn (*Papaver nudicaule*), der den ganzen Sommer hindurch reichlich blüht. Die Palette der Blütenfarben reicht von Weiß und Gelb über Orange und Rosa bis hin zu Purpur und leuchtendem Rot. Er erreicht eine Wuchshöhe von bis zu 40 Zentimetern. Wer es etwas kleiner mag, hält sich an den Alpenmohn (*Papaver alpinum*), der mit einer Wuchshöhe von 20–30 Zentimetern und weißen, gelben oder orangefarbenen Blüten viele Steingärten schmückt.

STECKBRIEF

- *Sonne*
- *niedrig*
- *20–60 cm*
- *Juni–September*
- *Selbstaussäer/Blumenbeet, Rabatte, Staudenbeet, Bauerngarten, Steingarten*
- *giftig!*

Auch nach der Blüte verschönern die dekorativen Samenstände das Beet.

1 Dekorative Samenstände

2 Mohn auch im Steingarten

Der niedrigwüchsige Alpenmohn eignet sich ideal für den Steingarten.

Primel

Primeln gehören mit ihrem schönen Farbenspiel zu den beliebten Frühlingsboten. Neben diesen Arten gibt es auch sommerblühende Pflanzen, die bis in den August hinein für reichlich Blütenpracht sorgen. Sie wird aber auch gerne in farbenfrohen Arrangements auf Fensterbänken sowie auf Balkon und Terrasse verwendet.

Aurikel für den Steingarten

Die Aurikel ist die größte alpine Primelart und wird gerne mit der Grasnelke kombiniert in den Steingarten gepflanzt.

Die Gattung umfasst etwa 500 Arten, wobei die Blüten der Echten Schlüsselblume (*Primula veris*) mit ihrer Anordnung an einen Schlüsselbund erinnern. Sie mag es sonnig bis halbschattig und liebt trockene, magere und kalkreiche Böden. Ihre Blütezeit ist im April und Mai. Ihre bunten Farbtupfer heißen den Frühling herzlich willkommen. Für den Steingarten eignen sich besonders alpine Arten, die in milden Regionen sogar schon im Januar blühen und mit wenig Pflege und Nährstoffen auskommen. Werfen Sie beim Primelkauf immer einen Blick auf die Wurzeln. Sie sollten schön weiß sein, dann geht es der Pflanze gut. Nicht nur reichlich Blüten, sondern vor allem Knospen sollte sie haben, dann wachsen viele Blüten nach und Sie haben noch lange Freude daran. Werden die verwelkten Blüten regelmäßig entfernt, entwickelt sich der nachfolgende Flor besser.

Primula

STECKBRIEF

- *Sonne/ Halbschatten*
- *niedrig bis mittel*
- *bis 40 Zentimeter (je nach Art)*
- *Januar–August*
- *Steingarten, Kräutergarten, Balkon, Terrasse, Topf, Kübel*

Ringelblume

Die Ringelblume hat sich als Heilpflanze einen Namen gemacht, doch auch als pflegeleichte Gartenblume zählt sie zu den beliebten Pflanzen. Sie gehört zur Familie der Korbblütler, erreicht eine Höhe von etwa 50 Zentimeter und zeigt ihre schönen Blüten von Juni bis Oktober. Ihre Blüten leuchten gelb, orange oder rötlich, selbst zweifarbige Sorten gibt es bereits.

Nach der Aussaat im Frühjahr beginnen die Pflanzen, sobald es wärmer wird, schnell zu wachsen. Im Juni zeigen sich dann die ersten Blüten, die je nach Sorte mehr oder weniger gefüllt sein können. Viele Ringelblumen blühen sogar bis zum ersten Frost. Früher galt die Blume übrigens als Wetterorakel. Droht Regen oder schlechtes Wetter aufzuziehen, schließt die Ringelblume ihre Blüten. Ansonsten öffnet sie diese pünktlich zum Sonnenaufgang und schließt die kleinen Blütenköpfe wieder, wenn die Sonne untergeht. Ringelblumen lieben einen sonnigen Standort und bevorzugen lehmigen, nicht zu nährstoffreichen Boden. In Töpfen und Kübeln reicht normale Blumenerde aus. Umranden Sie Gemüsebeete mit Ringelblumen, hilft das, Fadenwürmer abzuwehren. Auch als Gründünger lässt sich die Pflanze gut einsetzen, lockert sie doch durch ihre Pfahlwurzeln den Boden und kann zur Bodenverbesserung eingearbeitet werden.

Aufgrund ihrer bunten Fröhlichkeit wird die Ringelblume auch gerne in Töpfen auf Balkon und Terrasse ausgesät.

Pflegeleichte und reichblühende Kübel- und Topfpflanze

Calendula officinalis

STECKBRIEF

- Sonne
- niedrig
- 30–50 cm
- Juni–Oktober
- Selbstaussäer/ Blumenbeet, Balkon, Terrasse, Hochbeet

Chamaemelum nobile

Römische Rasenkamille

Die Römische Kamille zeigt ihre schönen weißen Blüten auf Mauerkronen, zwischen Trittplatten und im Steingarten. Auch als Bodendecker und Unkrautverhinderer eignet sie sich.

Auf der Suche nach einem Rasenersatz bietet sich die Römische Kamille *Chamaemelum nobile* ‚Plenum' förmlich an. Auch für Duftwege, neben einer Ruhebank oder einem Springbrunnen spielt sie ihre Stärken voll aus und betört mit einem feinen apfelähnlichen Duft. Vorausgesetzt, sie bekommt einen sonnigen Platz mit durchlässigem, nicht zu nährstoffreichem Boden. Auch mit einem leicht schattigen Standort kommt sie zurecht, wobei ihr aber ein vollsonniges Plätzchen mehr liegt. Ab Juni bezaubert die Kamille mit dicht an dicht sitzenden weißen Blüten. Als Pflanzpartner im Beet haben sich flach wachsende Fetthenne, Polsterglockenblumen oder auch Sonnenröschen bewährt. Um dem Verkahlen der Pflanzen vorzubeugen, sollten Sie den duftenden Teppich nach der Blüte kräftig zurückschneiden. So wächst er schön dicht nach. Bevorzugen Sie nichtblühende Sorten, können Sie auf *Chamaemelum nobile* ‚Trenague' zurückgreifen.

STECKBRIEF

- *Sonne*
- *niedrig*
- *15–25 cm*
- *Juni–August*
- *Unkrautverhinderer, Bodendecker, Steingarten*

Die Römische Kamille bildet dichte grüne, rasenähnliche Flächen, auf der Unkräuter keine Chance mehr haben. Ganz so trittfest wie ein normaler Rasen ist sie allerdings nicht.

Kamille als Rasenersatz

Salbei

Salbei ist eine sehr vielgestaltige Gattung, wobei manche Pflanzen als Heilpflanzen verwendet werden. Einige Sorten finden ihren Platz aber auch als Zierpflanze im heimischen Garten. Schneiden Sie Zier- oder Steppensalbei (*Salvia nemorosa*) nach der ersten Blüte etwas zurück, treibt er im Herbst nochmals Blüten.

Besonders für den Präriegarten geeignet ist der, aus dem Westen der USA stammende, Präriesalbei (*Salvia azurea*). Er bezaubert mit leuchtend azurblauen Blüten und ist ein wunderschöner Farbklecks im Garten. An den biegsamen, überhängenden, nach oben hin verzweigten Stängeln findet sich eine Vielzahl von einzelnen Blüten. Durch seine späte Blütezeit von August bis Oktober bringt er auch in den letzten Spätsommertagen und im Herbst Farbe ins Beet. Die Pflanze ist nicht nur schön anzusehen, sondern bietet auch Bienen und Hummeln reichlich Nahrung. Zudem duftet sie sehr aromatisch und bringt diesen Duft auch als Schnittblume in Ihr Zuhause. Der Präriesalbei mag einen sonnigen Standort und magere, kalkreiche Böden. Er wächst bis zu 100 Zentimeter hoch. Gepflanzt wird im Frühjahr, für raue Lagen ist Winterschutz empfehlenswert. Decken Sie ihn mit etwas Reisig ab, dann erfreut er Sie im kommenden Jahr wieder mit seinen herrlichen Blüten.

In naturnahen Pflanzungen wie dem Präriegarten kommt der schlanke Salbei zusammen mit Gräsern und Zierlauch wunderbar zur Geltung.

1 Präriegarten-kombination

2 Wirkungsvoller Solitär

Der Salbei ist sehr pflegeleicht und anspruchslos und kommt auch in Einzelpflanzung bestens zur Wirkung.

Salvia

STECKBRIEF

- *Sonne*
- *niedrig*
- *bis 100 cm*
- *Mai–Juni/ September–Oktober*
- *Präriegarten, Kiesbeet*

Achillea

Schafgarbe

Rosa, Rot, Gelb oder Orange? Die pflegeleichte Scharfgarbe erhalten Sie in verschiedenen Farbtönen und Wuchshöhen. Die Pflanze mag einen sonnigen, warmen Standort und verträgt magere Böden. Blütezeit ist von Juni bis September. Durch Teilen erlangt sie neue Vitalität. Bienen und andere Insekten werden von ihrem aromatischen Duft magisch angezogen.

STECKBRIEF

- *Sonne*
- *niedrig*
- *10–100 cm*
- *Juni–September*
- *Kiesbeet, Steingarten, Kübel*

1 Kombination in Blau und Weiß …

↑ Schafgarben, kombiniert mit Gräsern, Fetthenne, Eisenkraut und anderen Trockengartengewächsen, sehen im Beet besonders prächtig aus.

↓ Die kräftigen Gelbtöne der Schafgarbe harmonieren auch wunderbar mit dem zarten Blau der Kugeldistel *Echinops ritro* 'Veitchs Blue'.

2 … sowie in Blau und Gelb

Die schön anzusehende Schafgarbe ist nicht nur eine bekannte Wiesenblume und Heilpflanze, sondern schmückt auch Staudenbeete, Steingärten, Kiesbeete und Pflanzgefäße. Zudem eignet sich die robuste Blütenstaude hervorragend als Schnittblume. Auch in getrocknetem Zustand bleiben Blütenform und -farbe erhalten. Bei den über 100 verschiedenen Arten variieren Wuchsform und -höhe. Während die Blüten der Gemeinen Schafgarbe cremeweiß sind, finden Sie für Ihren Garten Schafgarben in vielen verschiedenen Farben. Die Blüten erscheinen im Juni und blühen dann bei vielen Sorten bis in den September hinein. Hohe Ansprüche an ihren Standort stellt die Pflanze nicht, Sonne ist aber empfehlenswert. Die meisten Arten kommen mit trockenen Böden besser zurecht als mit feuchten, Staunässe sollte unbedingt vermieden werden. Niedrig wachsende Schafgarben eignen sich auch hervorragend für den Steingarten und das Kiesbeet.

Iberis

Schleifenblume

Schleifenblumen sind besonders als Zierpflanzen für Steingärten sehr beliebt. Der polster- bis kuppelförmige Halbstrauch ist immergrün und sonne- und wärmeliebend.

Schleifenblumen gehören zur Familie der Kreuzblumengewächse. Der Name bezieht sich auf die Einzelblüten, deren äußere Kronblätter größer sind als die inneren. Dadurch ähneln die Blüten einer Schleife. Eine bewährte Sorte für den heimischen Garten ist die Immergrüne Schleifenblume ‚Schneeflocke' (*Iberis sempervirens* ‚Snowflake'). Sie zeichnet sich durch kompakten Wuchs (Wuchshöhe 25 Zentimeter) und kleinere immergrüne Blätter aus. Die kleine, schneckenunempfindliche Schneeflocke mag es sonnig und liebt trockene, kalkreiche Böden. Ihre kleine Schwester, die Zwergschneeflocke, ist genauso pflegeleicht, wird aber nur 10 Zentimeter hoch. Ein Rückschnitt nach der Blüte schützt vor zu starkem Verkahlen der Pflanzen. Am besten nutzen Sie für die kleinen Polsterstauden eine Rasenkantenschere und schneiden sie kräftig zurück, so bleiben die Polster schön kompakt und erfreuen Sie auch im nächsten Jahr wieder mit herrlichen Blüten.

STECKBRIEF

- *Sonne*
- *niedrig*
- *10–30 cm*
- *April–Mai*
- *Steingarten, Topfgarten, Kübel, Tröge*

Auch in Blumenschale, Kübel oder Trog bezaubert die Schleifenblume mit ihren dichten Doldentrauben.

1 Winterharte Kübelpflanze

2 Schmuck für Hochbeete

Die schneeweißen Blütenkissen schmücken Einfassungen, Steingärten und Mauern. Mit den strahlend weißen Blüten schaffen Sie einen schönen Kontrast zur Farbenpracht von Blaukissen & Co.

Sonnenhut

Der Sonnenhut stammt aus den trockenen Prärien Nordamerikas und eignet sich bestens zum Anpflanzen in einem naturnahen Staudenbeet sowie in Prärie- oder Kiesgärten. Sonnenhüte sind in verschiedenen Farben erhältlich und bringen schöne Farbtupfer ins Beet. Sie lieben die Sonne und entsprechend ihrem Ursprung trockenen Boden.

Die Staude zeigt sich mit einer kugeligen Blüte mit länglichen, etwas herabhängenden Blättern. Die unterschiedlichen Sorten begeistern mit einem leuchtenden Farbspektrum. So gibt es Sonnenhüte mit weißen, gelben, roten oder auch orangefarbenen Blütenblättern. Auch bei der Wuchshöhe gibt es große Unterschiede: Manche wachsen „nur" ca. 50 Zentimeter in die Höhe, andere werden bis zu 1 Meter groß. In den Sommermonaten sind die Beetpflanzen eine begehrte Nahrungsquelle für Bienen, Hummeln und Schmetterlinge. Die Pflanzen lieben einen sonnigen Standort mit durchlässigem Boden. Dieser darf durchaus humos und frisch sein. Vom Purpur-Sonnenhut gab es viele neue Sorten. Setzen Sie aber auch auf bewährte Sorten wie z. B. *Echinacea purpurea* ‚Magnus', eine gesunde, robuste und blühfreudige Staude. Sie blüht von Juni bis September und erreicht eine Wuchshöhe bis zu 80 Zentimeter. Der Pflegeaufwand ist sehr gering.

In Kombination mit Gräsern entstehen wunderschöne Gartenbilder, die auch im Winter, wenn Raureif und Schnee die Stängel und Halme überzieht, herrlich anzusehen sind.

Vertrocknete Blütenstände im Winter

Echinacea

STECKBRIEF

- *Sonne*
- *niedrig*
- *50–100 cm*
- *Juni–September*
- *Präriegarten, Kiesbeet*

Helianthemum

STECKBRIEF

Sonne

niedrig

10–30 cm

Mai–September

Steingarten, Topfgarten, Kübel

Sonnen-röschen

Wie sein Name schon andeutet, mag das kleine Röschen einen sonnigen Standort. Blütezeit ist von Mai bis September. Die Pflanze passt in Steingärten und an trockene Böschungen.

Dankbarer Dauerblüher

Wenn die Sonne scheint und es warm ist, dann öffnen sich die Blüten des Sonnenröschens. Es mag sonnige, trockene Standorte und blüht je nach Sorte von Mai bis in den September.

Das kleine Sonnenröschen ist in vielen verschiedenen Farben erhältlich und lässt sich wunderbar mit anderen Steingartenpflanzen wie Wolfsmilch oder Zwergiris kombinieren. Auch als Kübelpflanze hat es sich längst bewährt. Hier sollten Sie insbesondere auf einen guten Wasserabfluss achten. Der Boden – auch im Beet – sollte durchlässig und nicht zu nährstoffreich sein. Ein Rückschnitt nach der Blüte fördert einen dichten, buschigen Wuchs. In rauen Lagen empfiehlt sich bei starkem Frost eine Abdeckung mit Reisig. Zu den bewährten Sorten gehören *Helianthemum* ‚Sterntaler' mit auffallend dunkelgrünen Blättern und leuchtenden gelben Blüten. Einen Blickpunkt setzt das Sonnenröschen ‚Red Orient' mit seiner kräftigen roten Farbe. Es eignet sich hervorragend zur ausdauernden Bepflanzung für Balkon und Terrasse. Ebenso prächtig zeigt sich *Helianthemum* ‚Ben Heckla' mit seinen orangefarbenen Blüten mit roter Mitte. Für Farbtupfer im Steingarten ist es eine sehr gute Wahl.

Saxifraga

STECKBRIEF

Sonne/ Halbschatten/ Schatten

je nach Art

5–50 cm

März–Oktober

Kiesbeet, Steingarten, Topfgarten

Steinbrech

Beim Kauf von Steinbrech-Arten sollten Sie genau auf die Ansprüche der jeweiligen Pflanzen achten. Denn es gibt mehr als 450 Arten mit jeweils unterschiedlichen Ansprüchen. In der Regel kommen die meisten mit einem sonnigen bis halbschattigen Standort zurecht. Faszinierend sind auch die unterschiedlichen Blüten und Blätter dieser Polterstaude.

In der Natur wachsen Steinbreche in ganz engen Felsspalten und entfalten ihre oberirdischen, kompakten Polster flach über dem Gestein. Bei dieser äußerst umfangreichen und vielgestaltigen Gattung gibt es so viele Arten, dass Sie hier für jeden Standort die passende Pflanze finden: von sonnig über halbschattig bis schattig. Manche Steinbreche sind kleinbleibend, andere eher wuchsstark. Je nach Blütezeit – das kann je nach Art bereits im März oder auch erst im Oktober sein – schmücken die zarten Blüten dann Ihre Beete. Sehr schön sehen Steinbreche im Steingarten oder Kiesbeet aus, sie sind aber auch gut als Einfassung zu verwenden. Einige Sorten mögen trockene und magere Böden, andere bevorzugen eher humose Standorte. *Saxifraga x urbium (umbrosa)* eignet sich für Steingärten, als Randbepflanzung oder auch in Pflanzschalen. Es mag Halbschatten und Schatten und einen nicht zu trockenen Boden. Die Blühzeit ist von Mai bis Juni.

Auch als pflegeleichte und winterharte Kübelpflanze, die lang anhaltend blüht, hat sich Steinbrech bewährt.

1 Ungewöhnliche Wirkung

2 Porzellanblümchen

Als robust und pflegeleicht hat sich das Porzellanblümchen erwiesen, eine Hybride aus der Gattung Steinbrech.

Steinsame

Der Purpurblaue Steinsame gehört zur Familie der Boretsch- oder Raublattgewächse und zeigt seine enzianblauen Blüten von April bis Juni. In Gruppen gepflanzt, eignet er sich hervorragend als Bodendecker und Unkrautverhinderer an leicht sonnigen und halbschattigen Standorten. Beachten Sie aber, dass er sehr konkurrenzstark ist und zarte Pflanzen verdrängt.

Durchsetzungsstarker Bodendecker

Fühlt sich der Steinsame an seinem Standort wohl, brauchen Sie ihn kaum zu pflegen. Selbst längere Trockenperioden machen den Pflanzen nichts aus.

Steinsame gehört zu den anspruchslosen, recht schnell wachsenden Bodendeckern, die im lichten Schatten gut gedeihen. Auch für große Kübel sind sie als Unterpflanzung in Kombination mit Gehölzen bestens geeignet. Sie bevorzugen trockene, kalkhaltige sowie humus- und nährstoffreiche Böden. Da Steinsame mehr in die Breite als in die Höhe wächst, empfiehlt sich ein Mindestabstand beim Pflanzen von 30–50 Zentimeter. Besonders das Farbenspiel ist es, was die krautige Pflanze so beliebt macht. Während die Knospen und die aufblühenden Blüten purpurrot erscheinen, verändern sie sich mit der Zeit zu einem schönen tiefen Blau. Im Anschluss daran werden die namensgebenden harten Kugelfrüchte ausgebildet. An Gehölzrändern unter Bäumen und Sträuchern oder als Unterpflanzung im Kübel kann er seine Stärken voll ausspielen. Pflanzenkrankheiten und Schädlinge bereiten kaum Probleme. Auch Schnecken bleiben dem Steinsame fern.

Buglossoides purpurocaerulea

STECKBRIEF

- *Halbschatten*
- *niedrig*
- *30–60 cm*
- *April–Juni*
- *Unkrautverhinderer, Bodendecker, Kübel, Steingarten, Topfgarten*

Storchschnabel

Das pflegeleichte Multitalent mit dem botanischen Namen *Geranium* wird häufig mit der Balkonpflanze Geranie verwechselt, die aber botanisch als *Pelargonium* bezeichnet wird.

Die Gattung *Geranium* umfasst etwa 300 Arten, von denen sich die meisten einer robusten Gesundheit rühmen können. Einige eignen sich als Bodendecker, andere zieren Töpfe und Kübel oder beleben mit ihrer Farbenpracht Rabatten und Beete. Kompakt wachsende *Geranium*-Arten für sonnige Standorte eignen sich auch gut für Pflanzgefäße, da sie gelegentliche Trockenperioden ohne größere Schäden überstehen. Staunässe mögen sie allerdings nicht. Als Unkrautverhinderer bzw. Bodendecker hat sich der Cambridge-Storchschnabel bewährt. Er bildet dichte Teppiche und lässt Unkraut wenig Chancen. Erhältlich ist er in verschiedenen Farben, die Blüten zeigen sich von Mai bis Juli. Der Cambridge-Storchschnabel mag einen sonnigen bis halbschattigen Standort und durchlässigen Boden. In der Regel müssen Sie hier keinen Rückschnitt vornehmen, nur dann, wenn nach einem strengen Winter das Laub nicht mehr schön anzusehen ist.

Ein reizvoller Begleiter für Rosen sind z. B. der Blutrote oder blaue Storchschnabelarten. Bei der Auswahl sollte die Wuchskraft der verschiedenen Arten berücksichtigt werden.

Storchschnabel als Unterpflanzung von Rosen

Geranium

STECKBRIEF

- Sonne/ Halbschatten
- niedrig
- 15–100 cm
- (je nach Art) Mai–September
- Unkrautverhinderer, Rabatten, Staudenbeete, Kübel, Topfgarten

Bellis perennis

STECKBRIEF

Sonne/ Halbschatten

mittel

10–30 cm

März–August

Selbstaussäer/ Blumenbeet, Topfgarten, Balkon, Terrasse, Bauerngarten

Tausendschön

Das Maßliebchen, auch Tausendschön genannt, wächst flach und bezaubert mit gefüllten Blüten. Seine „wilden" Schwestern sind die Gänseblümchen. Tausendschön sind sehr pflegeleicht und eignen sich für Blumenbeete, Balkon und Terrasse. Während Gänseblümchen einfache weiße Blütenkränze tragen, zeigen sich die Tausendschön in Weiß, Rosa, Rot oder Purpur.

Sie gehören meist zu den zweijährigen Pflanzen und bilden im ersten Jahr eine flache Blattrosette. Im zweiten Jahr zeigen sich dann die Blütenköpfe auf kräftigen Stängeln. Als Standort bevorzugen sie Sonne bis Halbschatten und mögen lehmige, nährstoffreiche Böden. Dankbar sind sie für regelmäßige Wassergaben, Staunässe ist jedoch zu vermeiden. Zwischen Mai und Juli können Sie die Tausendschön, die zur Familie der Korbblütler gehören, im Freien aussäen. Für die Topfkultur können Sie auch vorgezogene Pflanzen im Handel kaufen. *Bellis* wachsen ausdauernd und krautig. Da sie zu den Frühlingsblühern gehören, zeigen sie ihre Blütenbälle bereits ab März und bringen Farbe in den Garten. Die wenigen mehrjährigen *Bellis* vertragen keinen Frost und sollten im Beet mit Reisig geschützt werden. Topfpflanzen werden gut eingepackt und können an einem trockenen, geschützten Ort im Freien überwintern.

Die Kulturformen der Gänseblümchen werden deutlich größer als die Wildform, haben eine kompakte Blüte und eignen sich auch als Balkon- und Topfpflanzen.

Ausdauernde Frühjahrsblüher

Tulpe

Tulpen sind vielseitig einsetzbar. Ob als Ergänzung im Staudenbeet, als Farbtupfer im Kiesbeet oder als Frühlingsbote in Töpfen und Trögen. Es gibt sie hoch oder niedrig, gefüllt und ungefüllt, als Tulpenmischung oder einzeln. Tolle Effekte erreichen Sie mit Kombinationen aus Farben und Formen. Der Herbst ist der richtige Zeitpunkt, um Tulpenzwiebeln zu pflanzen.

Beim Zwiebeleinkauf lohnt es sich, auf lose oder in Netze verpackte Ware zurückzugreifen, denn hier erkennen Sie sofort die Qualität. Die Zwiebeln sollten trocken, druckfest sowie schimmelfrei sein und außerdem noch keinen Austrieb haben. Je nach Wetterlage – etwa von September bis November – werden die Tulpenzwiebeln ca. 10–15 Zentimeter tief in einen aufgelockerten Boden gepflanzt. Klein bleibende Sorten wie z. B. die Zwergsterntulpe (*Tulipa tarda*) eignen sich auch ausgezeichnet für die Bepflanzung von frostharten Töpfen, Kästen oder Kübeln. Diese Wildtulpe ist sehr robust und mag einen sonnigen Standort mit durchlässigem, nicht zu nährstoffreichem Boden. Tulpen eignen sich auch hervorragend für das Kiesbeet, denn hier zeigen sie sich als Frühlingsblüher von ihrer schönsten Seite. Da die Blumenzwiebeln nicht viele Ansprüche stellen, lassen sie sich im Kiesbeet zur Herbstzeit ideal pflanzen. Wichtig ist nur, dass der Boden nicht zu feucht ist.

Die niedrigwachsenden Wildtulpen eignen sich für Steingarten und Kiesbeet, sie verbreiten sich durch Selbstaussaat.

1 Niedrige Wildformen

2 Dekorative Kübelpflanzen

Als vielseitige Frühjahrsblüher haben sich Tulpen auch als Kübelpflanzen bewährt.

Tulipa

STECKBRIEF

- *Sonne*
- *niedrig bis mittel*
- *15–60 cm*
- *März–Mai*
- *Kiesbeet, Topfgarten, Kübel, Tröge*

Waldsteinia ternata

STECKBRIEF

- *Halbschatten/Schatten*
- *hoch*
- *10–20 cm*
- *März–Juni*
- *Unkrautverhinderer, Bodendecker, Unterpflanzung*

Waldsteinie

Die Dreiblättrige Waldsteinie oder auch Teppich-Golderdbeere genannt, gehört zur Familie der Rosengewächse. Mit ihrem immergrünen Laub bildet sie dekorative Teppiche unter Büschen, Gehölzen und Bäumen und ist im Garten ein wertvoller Bodendecker und Unkrautverhinderer. Sie können sie sowohl im Herbst als auch im Frühjahr pflanzen.

Der wüchsigen Waldsteinie gefällt es dort, wo kaum etwas wachsen will. Sie bildet ihre bodendeckenden Laubteppiche im Halbschatten und Schatten und lässt sich auch durch wenig Licht nicht aufhalten. Durch ihre Ausläufer breitet sie sich rasch aus und überrascht ab März mit kleinen sonnengelben Blüten. So werden auch die Schattenbereiche im Garten zu einem schönen Blickfang. Die verblühten Blüten müssen Sie nicht entfernen, sodass Sie mit der Waldsteinie insgesamt sehr wenig Arbeit haben. Durch das immergrüne Laub besitzt die Waldsteinie auch im Winter eine hohe Attraktivität, zudem ist sie sehr frosthart. Im Frühjahr lassen Sie den Waldsteinien am besten etwas stickstoffbetonten Dünger wie Hornmehl zukommen und arbeiten diesen leicht oberflächlich in die Erde ein. Sollten sich einmal braune Blätter gebildet haben (z. B. durch Trockenheit), schneiden Sie den Bodendecker etwas zurück. Die kahlen Stellen schließen sich recht schnell wieder.

Der dichte Wuchs der Waldsteinie verhindert das Aufkommen von Unkraut. Achten Sie aber darauf, dass sich die Pflanze nicht unkontrolliert ausbreitet.

1 Unkrautverhinderer

2 In der Sonne ausreichend gießen

Wenn Sie mögen, können Sie die Golderdbeere sogar in sonnigen Lagen anpflanzen, allerdings müssten Sie dann bei Bedarf ausreichend gießen.

Euphorbia

STECKBRIEF

- *je nach Art*
- *je nach Art*
- *20–150 cm*
- *Mai–Oktober*
- *Kiesbeet, Steingärten, Tröge, Rabatten*
- *hautreizender Pflanzensaft*

Wolfsmilch

Diese vielseitige Gattung ist sehr umfangreich. Es gibt über 2000 Arten, die mit ihrer faszinierenden Erscheinung jeden Garten verschönern. Vom Bund deutscher Staudengärtner wurde die Wolfsmilch 2013 zur Staude des Jahres erklärt. Für fast jeden Standort lässt sich die passende *Euphorbia* finden. Schnecken meiden die Pflanzen.

1 Euphorbia myrsinites

In Kiesbeeten oder Steingärten in sonniger Lage fühlt sich z. B. die Walzen-Wolfsmilch wohl. Sie bevorzugt einen durchlässigen Boden.

Mit ihrem buschigen Wuchs und den grüngelben Blüten bevorzugt die Steppenwolfsmilch einen sonnigen Platz mit durchlässigem, auch kiesigem Boden.

2 Steppenwolfsmilch

Der deutsche Name Wolfsmilch kommt von dem Milchsaft der Pflanze, der empfindliche Haut reizen kann. So ist im Volksmund der Saft genauso gefährlich wie ein Wolf. Kommen Sie mit dem Pflanzensaft in Berührung, waschen Sie ihn gut ab. Für gutes Gedeihen ist es wichtig, die richtige Pflanze für den passenden Standort auszusuchen. Für einen trockenen, sonnigen Standort sind die Zypressen-Wolfsmilch (*Euphorbia cyparissias*) oder die Steppenwolfsmilch (*Euphorbia seguieriana ssp. niciciana*) geeignet. Die immergrüne Mandel-Wolfsmilch (*Euphorbia amygdaloides*) hingegen liebt halbschattige Standorte mit frischen Böden. Herrlich anzuschauen ist auch die Mittelmeer-Wolfsmilch (*Euphorbia characias subsp. Wulfenii*). Sie eignet sich hervorragend als Solitär im Kiesbeet und zeigt ihre frischen limonengrünen Blütenstände bereits ab März. Gemäß ihrem Namen mag sie sonnige Standorte und wintermilde Lagen. Ansonsten ist ein Winterschutz ratsam.

Zierlauch

Zierlauch ist ein echter Hingucker im Garten. Die leuchtenden Blütenkugeln sind bereits von Weitem sichtbar und bringen Abwechslung ins Beet. Damit der Zierlauch pünktlich im Frühling blüht, kommen die Zwiebeln bereits im Herbst in den Boden. Achten Sie beim Kauf auf winterfeste Sorten. Auch für die Topfkultur können Sie ihn nutzen.

Zierlauch mag sonnige Standorte und ist ansonsten recht anspruchslos. Lediglich auf durchlässige Böden ohne Staunässe legt er Wert. Besonders hübsch wirken die Pflanzen in einem Steingarten oder Kiesbeet. Zierlauch bevorzugt trockene Böden und wirkt, in kleinen Gruppen gepflanzt, besonders eindrucksvoll. Zu niedrigen Arten passen als Begleitpflanzen etwa Fettehenne oder Ziergräser, zu hohen Sorten z. B. Schafgarbe oder Salbei. Da die Blätter des Zierlauchs schnell vergilben, wird er am besten mit Stauden kombiniert, die das elegant kaschieren. Eine Ausnahme bildet der Kugellauch *Allium Mercurius* mit tollen violetten Blüten von gut 10 Zentimeter Durchmesser. Auch während der Blütezeit bleibt das Laub durch die blaugrüne Wachsschicht auf den Blättern recht ansehnlich. Für den Steingarten oder für die Randbepflanzung eines sonnigen Staudenbeetes ist der Blauzungen-Lauch besonders geeignet.

Die Hauptblütezeit von Zierlauch ist zwischen Mai und Juni. Einige Arten blühen bereits im April, andere zeigen ihre Blütenpracht bis in den September hinein.

Blütezeiten kombinieren

Allium

STECKBRIEF

- Sonne/ Halbschatten
- niedrig
- 10–150 cm
- April–September
- Kiesbeet, Steingarten, Topfgarten

Exkurs Balkon- und Kübelpflanzen

Die meisten Balkone und Terrassen werden saisonal bepflanzt, was allerdings auch mehr Arbeit bedeutet. Damit Sie es im Ruhestand gemütlicher haben, bietet sich eine dauerhafte Bepflanzung mit Stauden und kleinen Gehölzen an. Die meisten Stauden wachsen auch im Kübel. Bewässerungssysteme im Blumenkasten und in Töpfen sorgen ohne viel Mühe für regelmäßige Wassergaben.

WINTERHARTE STAUDEN

Winterharte Stauden eignen sich hervorragend für einen pflegeleichten Garten. Bis auf sehr hohe Arten sind fast alle winterharten Stauden auch für die Kübelkultur geeignet. Das macht sie zu einem idealen Partner für die ganzjährige Bepflanzung von Balkon und Terrasse und das schwere Schleppen der Kübelpflanzen ins Winterquartier erübrigt sich. Die üblichen Balkonkästen bieten allerdings auf Dauer zu wenig Raum für das umfangreiche Wurzelwerk, daher sollten Stauden einzeln oder in Gruppen in ausreichend große Töpfe oder Kübel gepflanzt werden. Diese sollten unbedingt aus hochwertigem Material bestehen, das frostfest ist. Das können Terrakottakübel, Töpfe aus glasierter Keramik oder Kunststofftöpfe sein. Auch Pflanzgefäße aus Stein eignen sich. Allerdings erschwert ihr hohes Gewicht den Transport. Daher sollten Sie diese Töpfe nur dort benutzen, wo sie jahrelang stehen können. Alle Pflanzgefäße benötigen ein Abzugsloch, damit das überschüssige Wasser abfließen kann. Ansonsten sammelt sich die Feuchtigkeit am Topfboden und schadet den Wurzeln. Staunässe verträgt kaum eine Pflanze. Noch besser funktioniert der Abfluss, wenn der Topf etwas Abstand zum Boden hat. Holzklötzchen, Steine

Winterharte und pflegeleichte Stauden sind auch für den Kübel ideal, z. B. die dekorativen Seggen (*Carex*).

1 Seggen wachsen zu üppigen Polstern

2 Phlox auf dem Balkon

Winterhart, blühfreudig und pflegeleicht: Phlox ist aus vielen Gärten gar nicht mehr wegzudenken. Auch für Balkon und Terrasse ist er perfekt geeignet.

3 Steingartenpflanzen

Viele pflegeleichte Blumen und Stauden, die sich in Kiesbeet und Steingarten wohlfühlen, können auch auf dem Balkon gepflanzt werden. Dazu gehören Lavendel, Schafgarbe, Storchschnabel oder Blaukissen.

Ziergräser eignen sich nicht nur für Prärie- und Staudengärten, sondern machen auch in Topf und Kübel eine gute Figur. Hier können sie entweder als Solitär zur Geltung kommen oder als Hintergrund für Blumen dienen.

4 Ziergräser in Topf und Kübel

5 Elfenblume für den Schatten

Für schattige Balkone und Terrassen eignet sich die robuste Elfenblume (*Epimedium*) auch als Kübelpflanze.

6 Immergrüne im Topf

Selbst Immergrüne wie Thujen oder Buchsbäume machen sich gut in Topf oder Kübel. So können Sie auf der Terrasse oder dem Balkon tolle Akzente setzen.

oder Keramikfüße unter den Töpfen verhindern im Winter das Zufrieren des Abzugsloches und ein Erfrieren des Ballens und ein Faulen der Wurzeln. Ansonsten reicht es als Winterschutz, wenn Sie die Töpfe gut einpacken. Als Materialien eignen sich z. B. Tannengrün, Bastmatten oder Jutesäcke. Als winterharte Pflanzen eignen sich u. a. Buchsbaum, Zwergahorn, Kriechwacholder, Zwergkoniferen, Liguster oder Lorbeerkirsche und Duftblüte. Auch Ziergräser, Hortensien, Funkien, Fetthenne oder Rosen kommen in Betracht.

PFLEGELEICHTER BALKON

Was für die Terrasse gilt, gilt auch für den Balkon. Natürlich können Sie klassisch Geranien und Fuchsien pflanzen, ebenso ist aber eine pflegeleichtere und dauerhafte Bepflanzung möglich. Einige frostresistente Balkonpflanzen kommen über mehrere Jahre immer wieder und trotzen sogar Kälte und Schnee. Dazu gehören etwa Lavendel, Schleierkraut, Mittagsblumen, Walzenwolfsmilch und Blauschwingel. Darüber hinaus können Sie den Balkon zusätzlich mit winterharten Stauden und Gehölzen in Kübeln schmücken.

Arbeitserleichternd wirken auch Bewässerungssysteme für den Balkon. Haben Sie Zugang zu einem Strom- und Wasseranschluss können Sie sich eine elektrische Tröpfchenbewässerung auf dem Balkon einrichten. Ein unkompliziertes Bewässerungssystem sind Bewässerungskugeln aus Terrakotta, die in Balkonkasten oder Kübel gesteckt werden. Ebenfalls praktisch: Balkonkästen mit integriertem Wasserreservoir.

7 Frostschutz bei empfindlichen Pflanzen

Säcke aus Jute oder Vlies eignen sich gut als Frostschutz auf Balkon und Terrasse.

LASSEN SIE SICH INSPIRIEREN!

Viele Gärtnereien präsentieren das ganze Jahr hindurch Beispielpflanzungen für Balkon und Terrasse. Hier können Sie sich Anregungen für eine Dauerbepflanzung holen, dazu gibt es oft umfangreiche Infos sowie wertvolle Pflegetipps. Ebenso empfehlenswert ist ein Besuch im Platanenweg 5 auf der Blumeninsel Mainau. Hier befindet sich ein Schaugarten für Hobbygärtner mit überraschenden Ideen.

8 Robuste Bambusarten

Wer seinen Balkon mit Bambus bepflanzen möchte, sollte sich für den robusten Muriel-Bambus (*Fargesia murielae*) entscheiden. Er verträgt im Winter Minusgrade bis zu -26 °C, ohne dass er dabei Schaden nimmt.

9 Winterharte Kräuter

Kräuteranbau auf Balkon und Terrasse ist überaus beliebt. Neben den einjährigen Kräutern wie Basilikum oder Petersilie können Sie jedoch auch winterharte Kräuter anpflanzen. Dazu gehören u.a. Rosmarin (z. B. die Sorte ‚Blue Winter'), viele Thymian-Sorten, aber auch Lorbeer oder Minze.

Erdbeeren sind wunderbare Balkonpflanzen, die lediglich regelmäßig Wasser und etwas Dünger benötigen.

10 Erdbeeren zum Naschen

11 Kissenaster als Herbstblüher

Auch die winterharte Kissenaster (*Aster dumosus*) fühlt sich auf dem Balkon im Kasten wohl. Sie verträgt Minusgrade, vor eisigem Wind sollten Sie sie jedoch schützen.

Pflegeleichtes Gemüse und Obst

Pflegeleichtes Gemüse und Obst

Mit zunehmendem Alter steht die Arbeitssicherheit noch mehr im Mittelpunkt. Das gilt beim Obstpflücken, aber auch beim Säen und Pflanzen. Um es sich leichter zu machen und Rücken und Gelenke zu schonen, helfen ergonomische Geräte und eine Vielzahl von Hilfsmitteln.

RÜCKENFREUNDLICHER NUTZGARTEN

Trotz der Verwendung von Hilfsmitteln belasten einige Gartenarbeiten Wirbelsäule und Bandscheiben. Andererseits tut Bewegung auch im Alter gut. Um eine gute Balance zu finden, lohnt es sich, regelmäßige Pausen mit Dehnungsübungen einzulegen. Das erhält die Beweglichkeit. Wer darüber hinaus auch den Obst- und Gemüseanbau rückenfreundlicher gestalten möchte, bringt die Pflanzen einfach auf eine bequeme Höhe. Das funktioniert etwa mit Kisten- und Hochbeeten bzw. mit Treppen- oder Hügelbeeten. Viele Gemüsesorten, Salate und Kräuter, ja selbst Stauden, Beerensträucher und Obstbäumchen gedeihen hervorragend auch in Gefäßen. Diese brauchen nicht viel Platz, eignen sich auch für Balkon und Terrasse und lassen sich auf Rolluntersetzern ohne große Anstrengung umplatzieren. Der Vorteil dieser höher gelegten Beete: Sie können sowohl im Stehen als auch im Sitzen säen, pikieren, pflegen und ernten. Vorausgesetzt, Gefäße und Hochbeete sind an Ihre Körpermaße optimal angepasst. Bedenken Sie vorab immer auch, wie Sie die Beete bzw. Kübel nutzen möchten, bevor Sie die Maße bestimmen. Empfehlenswert sind zudem Ablagemöglichkeiten für Werkzeuge, Wasseranschluss und ein (Schatten) Plätzchen zum Ausruhen.

FRISCH UND LECKER AUS EIGENER PRODUKTION

Auf einer kleinen Fläche bekommen Sie mit Mischkulturen mehr Pflanzen unter. Durch die dichte, abwechslungsreiche Bepflanzung treten zudem Krankheiten und Schädlinge seltener auf und der Boden wird vor Austrocknung geschützt. Um sich Arbeit zu sparen, setzt man auf robuste und pflegeleichte Gemüsesorten wie Kartoffeln, Radieschen, Salat und Bohnen. Auch die Zucchini ist nicht sehr pflegebedürftig. Ebenso verfährt man beim Obst. Herbsttragende Himbeeren sind vorteilhafter als sommertragende Himbeeren, auch Heidelbeeren können im eigenen Garten prima kultiviert werden. Sie kommen ohne Schnitt aus und verheißen in einem Kübel oder Hochbeet mit Rhododendron-Erde reiche Ernte. Widerstandsfähige Bodendecker wie Storchschnabel ersparen auch unter Beerenobst mühsames Entfernen von Unkraut. Auch platzsparendes und robustes Säulenobst (Äpfel, Birnen, Kirschen) macht kaum Arbeit und bringt viel Ertrag.

TIPP

» Auch die Umstellung auf andere Pflanzgewohnheiten trägt zu einer erheblichen Arbeitserleichterung im Nutzgarten bei. Niedrige Hochbeete beispielsweise eignen sich für hohe Kulturen (z. B. Tomaten). Anfallende Arbeiten werden dann im Sitzen oder Stehen erledigt. «

Ob Hochbeet, Wandbeet oder Kistenbeet: Verlagern Sie Ihren Gemüseanbau nach oben, um sich die zahlreichen Arbeiten des Gemüseanbaus zu erleichtern.

1 Gemüseanbau lieber in erhöhten Beeten

2 Obstanbau in Spalier- oder Säulenform

Spalier- und Säulenobst sind eine pflegeleichte Lösung, wenn man bis ins hohe Alter Obst im Garten anbauen möchte. Die niedrige Wuchshöhe und gute Erreichbarkeit machen Pflege und Ernte besonders einfach.

3 Obsterntehelfer

Mit einem Erntegreifarm erleichtern Sie sich die mühsame Obsternte bei großen Obstbäumen und können vor allem darauf verzichten, die Früchte von einer eher unsicheren Leiter aus abzuernten.

AUF DIE KÖRPERGRÖSSE KOMMT ES AN

Die Körpergröße bestimmt die Höhe des Beetes, wenn Sie mit niedrigen Pflanzkulturen im Stehen arbeiten wollen. Der obere Beetrand sollte ungefähr 85–100 Zentimeter auf Höhe des Beckenkamms liegen. Nach der Armlänge richtet sich auch die Breite. Bei einer Beethöhe von 50–60 Zentimeter lässt es sich auch im Sitzen gut arbeiten.

Bohnen

Bohnen zählen zu den ältesten Kulturpflanzen der Welt. Niedrige Buschbohnen sind in Hochbeeten gut zu kultivieren. Stangenbohnen eignen sich für den ebenerdigen Anbau und brauchen ein Klettergerüst aus Holz oder Metall, an dem sie emporranken können. Geeignet sind auch mehrere Bambusstangen, die zusammengebunden ein zeltartiges Gerüst ergeben. Um kräftige Bohnen zu bekommen und diese gleichzeitig vor Krankheiten zu schützen, legen Sie die Bohnen vor der Aussaat 24 Stunden in Milch ein. Das Lecithin in der Milch schützt sie vor Pilzkrankheiten. Sehr schön sehen verschiedene Bohnensorten aus, die alle an der Stange hochranken und mit ihrem frischen Grün, Gelb oder Violett Farbe in Ihren Garten bringen.

Erbsen

Erbsen mögen einen sonnigen Standort und sind ein guter Partner in der Mischkultur. Gesät werden sie bis Ende April je nach verwendeter Sorte und Temperatur. Das Saatgut muss angegossen werden, damit die Körner keimen. Da Erbsen in die Höhe streben, brauchen sie Rankhilfen wie ein Drahtgeflecht oder auch Reisig. Erbsen gehören wie die Bohnen zu den Leguminosen, sind unverträglich mit sich selbst und sollten nicht nach anderen Leguminosen und Nachtschattengewächsen wie Kartoffel, Tomaten oder Paprika angebaut werden. Sie harmonieren dagegen hervorragend mit Radieschen, Möhren und Salat. Erbsen gehören mit zu den frühen Gemüsearten und können schon ab Ende Mai bis in den Juli hinein geerntet werden.

Erdbeeren

Erdbeeren gehören wohl zu den beliebtesten Früchten im Garten. Sie sind gesund, stecken voller Vitamine und Mineralstoffe und lassen sich vielfältig verwenden. Wem das jährliche Pflanzen zu mühsam ist, kann die Mutterpflanzen auch zwei bis drei Jahre im Beet stehen lassen. Optimale Bedingungen für eine reiche Erdbeerernte sind volle Sonne, ein windgeschützter Standort sowie ein tiefgründiger, gut durchlässiger Boden. Etwas Stroh im Beet hält den Boden feucht und schützt gleichzeitig vor Unkraut. Zudem werden die reifen Früchte dadurch vor Feuchtigkeit geschützt und werden weniger schnell faulen. Um den Rücken zu schonen, lohnt sich der Anbau in erhöht stehenden Töpfen und Kübeln. Auch in Ampeln wachsen die leckeren Früchte ganz prächtig.

Heidelbeeren

Die blauen Beeren sind gesund und lecker. Wer sie nicht mühsam sammeln möchte, kann die größere Kulturheidelbeere auch auf Balkon und Terrasse anbauen. Sie lässt sich gut im Topf oder Kübel pflanzen, ebenso im Hochbeet. Die Flachwurzler mögen einen sauren Boden, gegossen werden sollte nur mit Regenwasser. Am besten nutzen Sie spezielle Moorbeeterde, die auch für Rhododendren geeignet ist. Pflanzzeit ist im Herbst oder auch im Frühjahr. Heidelbeeren mögen einen sonnigen Standort und sind recht pflegeleicht. In den ersten fünf Jahren brauchen Sie die Heidelbeere auch nicht beschneiden. Zwar sind Heidelbeeren selbstbestäubend, für viele Früchte ist aber eine zweite Pflanze einer anderen Sorte als Nachbar empfehlenswert.

Himbeeren

Himbeeren gehören zu den Rosengewächsen und gedeihen am besten in einem tiefgründigen, humosen Boden. Sie wachsen gut im Hoch- oder Hügelbeet, denn so wird auch Staunässe vermieden. Herbst-Himbeeren sind besonders für den heimischen Anbau geeignet, denn sie sind sehr pflegeleicht und werden wegen der späteren Blüte nicht vom Himbeerkäfer befallen. Empfehlenswerte Sorten sind z. B. Rubus idaeus oder ‚Autumn Bliss'. Diese können Sie vom Spätsommer bis in den Herbst hinein ernten. Damit die Ruten genügend Halt haben, brauchen Himbeeren ein Rank- und Kletterhilfe. Diese können Sie leicht selbst bauen: Einfach zwei Holzpfähle in die Erde setzen und dazwischen drei Spanndrähte befestigen.

Kartoffeln

Kartoffeln setzen Sie am besten bei einer Bodentemperatur von 9 °C in ein Hochbeet. Alternativ wachsen sie auch in einem Eimer oder in einer Kiste. Nachtfröste sollten nach dem Einsetzen nicht mehr zu erwarten sein. Im Zweifel genügt ein Fließ als Kälteschutz. Keimen Sie die Kartoffeln am besten vor. So erhalten Sie einen schnelleren und höheren Ertrag und umgehen durch die frühe Reifung die Krautfäule. Zum Vorkeimen – ca. 4 Wochen vor dem Setzen – eignet sich ein kühler Raum, der nicht wärmer als 15 °C sein sollte. Bei teuren Sorten können Sie die Kartoffeln unmittelbar vor der Pflanzung mit einem scharfen Messer teilen, um eine noch reichere Kartoffelernte zu bekommen. Setzen Sie zwischen die Kartoffeln einige Tagetes, sie bekämpfen Nematoden.

Knoblauch

Knoblauch ist für viele Genießer unverzichtbar. Er bereichert zahlreiche Gerichte mit seinem markanten Aroma und ist außerdem sehr gesund. Sie können ihn gut im Garten anbauen, geeignet ist z. B. spezieller Winterknoblauch. Pflanzzeit ist hier Anfang September bis Ende Oktober. Die Zehen werden mit der Spitze nach oben in den Gartenboden gesteckt und etwa 5 Zentimeter tief eingepflanzt. Zwischen den Zehen halten Sie rund 15 Zentimeter Abstand. Dann gut mit Wasser angießen, Staunässe allerdings verträgt der Knoblauch nicht. Anfang Juli beginnt die Ernte. Nicht winterharten Frühlingsknoblauch setzen Sie dagegen am besten von Mitte Februar bis Mitte April und erhalten dann bis zum Herbst erntereife, etwas kleinere Knollen.

Kürbis

Kürbisse gibt es in vielen verschiedenen Sorten zum Anbau im eigenen Garten. Für das Hochbeet sind Kürbisse hervorragend geeignet. Verwenden Sie aber nur geprüftes Saatgut oder Jungpflanzen und keinesfalls Samen aus selbst angebauten Früchten, damit sich keine Bitterstoffe bilden. In hoher Konzentration sind diese giftig. Kürbisgewächse, die nur leicht bitter schmecken, sollten trotzdem nicht verzehrt werden. Beim Anbau sollten Sie essbare und Zierkürbisse nie direkt nebeneinander anbauen. Jungpflanzen dürfen erst nach den Eisheiligen ins Beet und brauchen ausreichend Platz, um sich entfalten zu können. Bei zu engem Stand kann es zu Pilzkrankheiten kommen. Im Hochbeet werden sie am besten an die Ränder gepflanzt.

Lauch

Damit Gemüsepflanzen gut gedeihen, sollte eine durchdachte Fruchtfolge bzw. ein Fruchtwechsel eingehalten werden. Lauch, auch Porree genannt, gehört wie Zucchini, Tomaten, Kohl, Kürbis und Kartoffeln zu den Starkzehrern und verbraucht viele Nährstoffe. Optimal sind ein sonniger Standort und ein tiefgründiger, humoser Boden. Anbauzeitpunkt und Ernte richten sich nach den verschiedenen Lauchsorten. Erhältlich sind Sommer-, Herbst- und Winterlauch. Als gute Nachbarn empfehlen sich Erdbeeren, Endivien, Kohlrabi, Möhren und Sellerie. Busch- und Stangenbohnen, Erbsen und Rote Bete sind hingegen schlechte Nachbarpflanzen. Lauch lässt sich vielfältig in der Küche zubereiten, ob gekocht, gedünstet, geschmort oder roh im Salat.

Mangold

Mangold fühlt sich im Hochbeet, aber auch im Kübel wohl. In geschützten Lagen kann er im Freien überwintern. Geschmacklich ähnelt Mangold dem Spinat, kleinere Blätter eignen sich für den Salat, große als Schmorgemüse. Ebenso lassen sich die Blätter mit Hackfleischmasse füllen. Unterschieden wird zwischen Stiel- bzw. Rippenmangold und Blattmangold. Bei Letzterem werden nur die Blätter verwendet, bei Stielmangold auch die Stiele. Ab April kann das Gemüse ausgesät und zwei bis drei Monate später bis in den Herbst hinein geerntet werden. Bleibt das Herz des Mangolds stehen, wachsen immer wieder neue Blätter nach. Eine interessante Sorte ist Mangold 'Bright Lights' mit tollen Farben, die beim Kochen erhalten bleiben.

Radieschen

Radieschen gedeihen am besten in einem humusreichen, lockeren Boden. Ansonsten stellt die Pflanze aus der Familie der Kreuzblütengewächse keine besonderen Ansprüche an ihren Standort und kann auch auf dem Balkon in Blumenkästen gezogen werden. Ebenfalls ein geeigneter Platz ist das Hochbeet. Im Spätsommer sind viele Gemüsesorten bereits geerntet, dann ist Platz für das Radieschen. Es kann problemlos noch im August angebaut werden. Gute Nachbarn sind Kohlarten, Kohlrabi, Bohnen, Erbsen, Kresse, Mangold und Möhren. Gurken hingegen sind nicht als Nachbarn geeignet. Radieschen brauchen einen gleichmäßig feuchten Boden. Am besten schmecken sie frisch, roh aus der Hand, auf dem Butterbrot oder im Salat.

Salat

Gartensalat gehört zur Familie der Korbblütler, er ist ein- bis zweijährig und eignet sich hervorragend für den Anbau im Hochbeet. Zu den beliebten Sorten gehören Kopf- und Bataviasalat, Pflücksalat und Romanasalat. Die Aussaat kann im Freiland je nach Sorte zwischen April und August erfolgen. Salat ist ein Lichtkeimer, die Saat wird nur mit wenig Erde bedeckt und gleichmäßig feucht gehalten. Einfacher ist der Kauf von vorgezogenen Pflänzchen. Der Standort sollte sonnig in lockerer Erde sein. Wer auf biologischen Pflanzenschutz setzt – bei selbst angebautem Gemüse in jedem Fall empfehlenswert – sollte Salat nicht neben Petersilie, aber neben Spinat setzen, das vertreibt die lästigen Erdflöhe. Gute Nachbarn sind auch Dill, Fenchel, Radieschen und Tomaten.

Säulenobst

Statt großer Obstbäume sind im Seniorengarten kleinere Maße gefragt. Ideal ist pflegeleichtes Säulenobst. Das sind schwachwüchsige Züchtungen, die schlank und aufrecht in die Höhe wachsen. Achten Sie beim Kauf auf selbstfruchtbare Sorten, dann brauchen Sie keinen zweiten Baum in der Nähe. Auch auf Terrasse und Balkon lässt sich Säulenobst gut anbauen. Geeignet sind z. B. Kirsche oder Apfel. Vor dem Einpflanzen werden die Ballen der Pflanze gut gewässert und dann in das Pflanzloch gesetzt. Die Veredelungsstelle darf dabei nicht mit Erde bedeckt werden. Beste Pflanzzeit für die meisten Obstbäume ist der Herbst, aber auch im Frühjahr lassen sie sich noch setzen. Bereits im zweiten Jahr nach der Pflanzung können Sie schon die ersten Früchte ernten.

Zucchini

Zucchini wachsen am besten auf einem lockeren und humusreichen Boden. Sie eignen sich ganz ausgezeichnet für den Anbau im Hochbeet und bevorzugen einen sonnigen Standort. Auch in einem großen Pflanzkübel auf der Terrasse gedeihen sie gut. Beachten Sie den hohen Platzbedarf. Hier sollte nicht mehr als eine Pflanze pro Kübel gesetzt werden. In der Regel erhalten Sie von Zucchinipflanzen sehr hohe Erträge. Wenn Sie also nicht allzu viele Zucchini ernten möchten, setzen Sie besser nur wenige Pflanzen ins Beet. Junge Pflänzchen können ab Mitte/Ende Mai ins Freiland. 6–8 Wochen später können Sie bereits die ersten Zucchini ernten. Sie schmecken püriert als Suppe, als Gemüsebeilage oder auch als vegetarische Gemüsepuffer.

Zwiebel

Zwiebeln sind gesund, werden als Hausmittel bei Erkältungen und Entzündungen eingesetzt und eignen sich bestens für den Anbau im Garten. Gut bewährt hat sich ein sonniger Standort und ein lockerer Boden. Allerdings sollten Sie an eine Stelle gepflanzt werden, an der im vergangenen Jahr keine Zwiebeln gewachsen sind. Zwiebeln sind Schwachzehrer und brauchen keinen zusätzlichen Dünger zum Gedeihen. Zwischen März und April werden Setzzwiebeln ca. 5 Zentimeter tief mit einer Handlänge Abstand zueinander gesetzt. Wird im Sommer das Laub welk, können Sie ernten. Wenn Sie süße Zwiebeln mögen, probieren Sie birnenförmige Steckzwiebeln. Auch rote Zwiebeln sind sehr beliebt, sehen sie doch im Salat sehr dekorativ aus.

Kräuter für den pflegeleichten Garten

Pflanze	*Standort*	*Wuchshöhe*	*Wasserbedarf*	*Ernte*
Baldrian Valeriana officinalis	Sonne/ Halbschatten	bis 150 cm	hoch	VII–VIII/ Wurzel X
Basilikum Ocimum basilicum	Sonne	bis 60 cm	hoch	VI–VIII
Bohnenkraut Satureja hortensis	Sonne	20–30 cm	gering–mittel	VII–X
Borretsch Borago officinalis	Sonne/ Halbschatten	40–80 cm	gering	VI–X
Johanniskraut Hypericum perforatum	Sonne	50–120 cm	gering	VI–VIII
Knoblauch Allium sativum	Sonne/ Halbschatten	bis 90 cm	gering	VIII–X
Kümmel Carum carvi	Sonne	bis 100 cm	gering–mittel	VI–VII
Lorbeer Laurus nobilis	Sonne	bis 150 cm und höher	mittel	ganzjährig

Pflanze	Standort	Wuchshöhe	Wasserbedarf	Ernte
Majoran Origanum majorana	Sonne	20–30 cm	gering–mittel	VI–IX
Melisse Melissa officinalis	Sonne	50–80 cm	mittel–hoch	VI–VIII
Minze Mentha-Arten	Sonne/ Halbschatten	30–80 cm	hoch	V–IX
Rosmarin Rosmarinus officinalis	Sonne	20–80 cm	gering	V–XI
Schnittlauch Allium schoenoprasum	Sonne/ Halbschatten	bis 30 cm	mittel–hoch	V–XI
Thymian Thymus vulgaris	Sonne	bis 30 cm	gering	VI–IX
Wermut Artemisia absinthium L.	Sonne	bis 150 cm	gering	VI–IX
Ysop Hyssopus officinalis	Sonne	bis 90 cm	mittel	VI–VIII

Register

Bildnachweis

4: wavebreakmedia/Shutterstock.com; 6: Syda Productions/Shutterstock.com; 8: l i g h t p o e t/Shutterstock.com; 10: Alexander Raths/Shutterstock.com; 11 re.: Rawpixel.com/Shutterstock.com; 11 li.: goodluz/Shutterstock.com; 13 u. re.: Syda Productions/Shutterstock.com; 13 u. li.: encierro/Shutterstock.com; 13 o. re.: goodluz/Shutterstock.com; 13 o. li.: l i g h t p o e t/Shutterstock.com; 14: Scott E. Feuer/Shutterstock.com; 15 o. li.: Alexander Raths/Shutterstock.com; 15 o. re.: pixinoo/Shutterstock.com; 15 u.: Photographee.eu/Shutterstock.com; 16 u.: Iakov Filimonov/Shutterstock.com; 16 o. re.: gupina/Shutterstock.com; 16 o. li.: encierro/Shutterstock.com; 17 o. li.: gpointstudio/Shutterstock.com; 17 o. re.: Sever180/Shutterstock.com; 17 u.: sirtravelalot/Shutterstock.com; 18: l i g h t p o e t/Shutterstock.com; 19 u. re.: iko/Shutterstock.com; 19 o. re.: Toa55/Shutterstock.com; 19 o. li.: Julija Sapic/Shutterstock.com; 19 u. li.: Podlesnyak Nina/Shutterstock.com; 20 u. re.: Andrii Zastrozhnov/Shutterstock.com; 20 u. li.: This Is Me/Shutterstock.com; 20 o.: CandyBox Images/Shutterstock.com; 21 u. re.: mubus7/Shutterstock.com; 21 u. li.: LianeM/Shutterstock.com; 21 o.: CandyBox Images/Shutterstock.com; 22: Alexander Raths/Shutterstock.com; 23 u.: LianeM/Shutterstock.com; 23 o. re.: Evgeniy Zhukov/Shutterstock.com; 23 o. li.: Almazks/Shutterstock.com; 24 u. li.: goodluz/Shutterstock.com; 24 u. re.: Rawpixel.com/Shutterstock.com; 24 o. re.: smirart/Shutterstock.com; 24 o. li.: mykhailo pavlenko/Shutterstock.com; 25 u. re.: photowind/Shutterstock.com; 25 u. li.: Sarycheva Olesia/Shutterstock.com; 25 o.: Budimir Jevtic/Shutterstock.com; 26: Rawpixel.com/Shutterstock.com; 27 u. re.: kurhan/Shutterstock.com; 27 u. li.: Kin Fok/Shutterstock.com; 27 o. re.: Dirk Ott/Shutterstock.com; 27 o. li.: SpeedKingz/Shutterstock.com; 28 u. re.: digitalreflections/Shutterstock.com; 28 u. li.: glebchik/Shutterstock.com; 28 o.: Jacob Lund/Shutterstock.com; 29 o.: Ken Schulze/Shutterstock.com; 29 u. re.: welcomia/Shutterstock.com; 29 u. li.: Grisha Bruev/Shutterstock.com; 30: Del Boy/Shutterstock.com; 31 u. re.: Olga Miltsova/Shutterstock.com; 31 u. li.: Paul Maguire/Shutterstock.com; 31 o.: OhSurat/Shutterstock.com; 32 u. re.: andy0man/Shutterstock.com; 32 u. li.: Annara/Shutterstock.com; 32 o.: Trong Nguyen/Shutterstock.com; 33 u.: Maseltov (https://commons.wikimedia.org/wiki/File:Huegelbeet-by-Maseltov.jpg), https://creativecommons.org/licenses/by-sa/4.0/legalcode; 33 o. re.: terra incognita/Shutterstock.com; 33 o. li.: Munole/Shutterstock.com; 34: Julia700702/Shutterstock.com; 35 o. re.: Marina Nabatova/Shutterstock.com; 35 o. li.: pixfix/Shutterstock.com; 35 u.: pixfix/Shutterstock.com; 36 u.: Bildagentur Zoonar GmbH/Shutterstock.com; 36 o. re.: Oleksandr Lipko/Shutterstock.com; 36 o. li.: rzoze19/Shutterstock.com; 37 u.: Shutterstock/Shutterstock.com; 37 o. re.: stevemart/Shutterstock.com; 37 o. li.: Kathryn Roach/Shutterstock.com; 38 u. re.: Igor Sokolov (breeze)/Shutterstock.com; 38 u. li.: V J Matthew/Shutterstock.com; 38 o.: Kathryn Roach/Shutterstock.com; 39 o.: Valeria Cantone/Shutterstock.com; 39 u. li.: Kathryn Roach/Shutterstock.com; 39 u. re.: Eileen Kumpf/Shutterstock.com; 40: valda/Shutterstock.com; 41 u. re.: I_love_life/Shutterstock.com; 41 u. li.: Iva Villi/Shutterstock.com; 41 o.: I. Grasbergs/Shutterstock.com; 42 u. li.: Alla Gallistl/Shutterstock.com; 42 u. re.: joerngebhardt68/Shutterstock.com; 42 o.: AlexandrinaZ/Shutterstock.com; 43 u.: Trevor Clark/Shutterstock.com; 43 o. re.: Manfred Ruckszio/Shutterstock.com; 43 o. li.: Tanja Esser/Shutterstock.com; 44: Shyntartanya/Shutterstock.com; 46 u. li.: SpeedKingz/Shutterstock.com; 46 u. re.: Krawczyk-A-Foto/Shutterstock.com; 46 o.: gpointstudio/Shutterstock.com; 47 o. li.: Goran Bogicevic/Shutterstock.com; 47 o. re.: Artur Szczybylo/Shutterstock.com; 47 u.: Lemurik/Shutterstock.com; 48 u. li.: lavizzara/Shutterstock.com; 48 u. re.: epiximages/Shutterstock.com; 48 o.: Zabavna/Shutterstock.com; 49 u.: wavebreakmedia/Shutterstock.com; 49 o. re.: Oleg Elkov/Shutterstock.com; 49 o. li.: Ronald Sumners/Shutterstock.com; 50 u.: PhotoSGH/Shutterstock.com; 50 o.: mythja/Shutterstock.com; 51 u. li.: Monika Wisniewska/Shutterstock.com; 51 o. li: GARDENA; 51 o. re.: riopatuca/Shutterstock.com; 51 u. re.: Yganko/Shutterstock.com; 52 u.: Thomas Hilfen für Körperbehinderte GmbH & Co. Medico KG; 52 o.: Jari Hindstroem/Shutterstock.com; 53 o.: Thomas Hilfen für Körperbehinderte GmbH & Co. Medico KG; 53 u. re.: ueuaphoto/Shutterstock.com; 53 u. li.: GARDENA; 54 u. re.: Sarycheva Olesia/Shutterstock.com; 54 u. li.: Vladimir Konstantinov/Shutterstock.com; 54 o.: Kiselev Andrey Valerevich/Shutterstock.com; 55 o. li.: Asya Nurullina/Shutterstock.com; 55 u.: Shyntartanya/Shutterstock.com; 55 o. re.: Ozgur Coskun/Shutterstock.com; 56 u. li.: Gingo Scott/Shutterstock.com; 56 u. re.: Olga Korolenko/Shutterstock.com; 56 o.: FooTToo/Shutterstock.com; 57 u.: daseaford/Shutterstock.com; 57 o. re.: sirtravelalot/Shutterstock.com; 57 o. li.: Stock image/Shutterstock.com; 58 u. re.: Kiselev Andrey Valerevich/Shutterstock.com; 58 u. li.: tab62/Shutterstock.com; 58 o.: sanddebeautheil/Shutterstock.com; 59 u. re.: P. Qvist/Shutterstock.com; 59 u. li.: Daisy Daisy/Shutterstock.com; 59 o.: DeymosHR/Shutterstock.com; 60 u.: Balazovic Lubos/Shutterstock.com; 60 o.: Anna Mente/Shutterstock.com; 61 u. li.: Photographee.eu/Shutterstock.com; 61 o. li.: Ivonne Wierink/Shutterstock.com; 61 u. re.: John Yunker/Shutterstock.com; 61 o. re.: Monkey Business Images/Shutterstock.com; 62 u.: Ozgur Coskun/Shutterstock.com; 62 o. li.: FotoHelin/Shutterstock.com; 62 o. re.: zlikovec/Shutterstock.com; 63 u.: Ralf Geithe/Shutterstock.com; 63 o. re.: Tortoon/Shutterstock.com; 63 o. li.: Zhukovskaya Elena/Shutterstock.com; 64 u. li.: wavebreakmedia/Shutterstock.com; 64 o.: aimful/Shutterstock.com; 64 u. re.: Henk Vrieselaar/Shutterstock.com; 65 o.: Elena Elisseeva/Shutterstock.com; 65 u. re.: Elena Elisseeva/Shutterstock.com; 65 u. li.: vaivirga/Shutterstock.com; 66 u. re.: Del Boy/Shutterstock.com; 66 u. li.: Del Boy/Shutterstock.com; 66 o.: Artmaster Embassy/Shutterstock.com; 67 u. re.: Tono Balaguer/Shutterstock.com; 67 u. li.: ThomBal/Shutterstock.com; 67 o. re.: Imfoto/Shutterstock.com; 67 o. li.: Edda Dupree/Shutterstock.com; 68: Bildagentur Zoonar GmbH/Shutterstock.com; 69 o.: Bildagentur Zoonar GmbH/Shutterstock.com; 69 u.: C Levers/Shutterstock.com; 70 o.: Anna Hoychuk/Shutterstock.com; 70 u.: M. Kirchner/Shutterstock.com; 71 o. li.: Pthawatc/Shutterstock.com; 71 u.: Basti_Pictures/Shutterstock.com; 71 o. re.: Liliya Frolova/Shutterstock.com; 72 u. re.: J Michael Fitzpatrick/Shutterstock.com; 72 o. re.: Marina Lohrbach/Shutterstock.com; 72 o. li.: twinbooks; 72 u. li.: photowind/Shutterstock.com; 73 u. re.: vaivirga/Shutterstock.com; 73 u. li.: Peter Turner Photography/Shutterstock.com; 73 o.: Thomas Barrat/Shutterstock.com; 74 o.: Veja/Shutterstock.com; 74 u. re.: Artalis/Shutterstock.com; 74 u. li.: marilyn barbone/Shutterstock.com; 75 o. li.: Graham Corney/Shutterstock.com; 75 u.: Tono Balaguer/Shutterstock.com; 75 o. re.: Svetlana Cherruty/Shutterstock.com; 76 u. li.: Ralf Geithe/Shutterstock.com; 76 u. re.: Annie 888/Shutterstock.com; 76 o.: Air Images/Shutterstock.com; 77 u.: Alison Hancock/Shutterstock.com; 77 o. re.: Del Boy/Shutterstock.com; 77 o. li.: belushi/Shutterstock.com; 78 o.: PHOTOCREO Michal Bednarek/Shutterstock.com; 78 u.: wavebreakmedia/Shutterstock.com; 79 u. re.: Garsya/Shutterstock.com; 79 o. re.: Photographee.eu/Shutterstock.com; 79 o. li.: krithnarong Raknagn/Shutterstock.com; 79 u. li.: Elena Masiutkina/Shutterstock.com; 80 u. li.: Artalis/Shutterstock.com; 80 u. re.: Koldunov/Shutterstock.com; 80 o.: photowind/Shutterstock.com; 81 u. li.: LianeM/Shutterstock.com; 81 o.: welcomia/Shutterstock.com; 81 u. re.: mykhailo pavlenko/Shutterstock.com; 82 u. re.: visivastudio/Shutterstock.com; 82 u. li.: SpeedKingz/Shutterstock.com; 82 o.: Jorge Salcedo/Shutterstock.com; 83 u.: Nancy Bauer/Shutterstock.com; 83 o. re.: The Len/Shutterstock.com; 83 o. li.: John-Alex/Shutterstock.com; 84 u. li.: LianeM/Shutterstock.com; 84 u. re.: photowind/Shutterstock.com; 84 o.: robert cicchetti/Shutterstock.com; 85 u.: Mladen Mitrinovic/Shutterstock.com; 85 o. re.: pryzmat/Shutterstock.com; 85 o. li.: Gravicapa/Shutterstock.com; 86 u.: Dirk Ott/Shutterstock.com; 86 o.: Jari Hindstroem/Shutterstock.com; 87 u.: Jordan Gooch/Shutterstock.com; 87 o. re.: val lawless/Shutterstock.com; 87 o. li.: Carol Blaker/Shutterstock.com; 88 u. re.: zoommachine/Shutterstock.com; 88 u. li.: ArtaKM/Shutterstock.com; 88 o. re.: rolkadd/Shutterstock.com; 88 o. li.: MangoNic/Shutterstock.com; 89 u.: Ingrid Balabanova/Shutterstock.com; 89 o.: Jari Hindstroem/Shutterstock.com; 90: Syda Productions/Shutterstock.com; 92: MAKNAD/Shutterstock.com; 93 o. li.: Pelevina Ksinia/Shutterstock.com; 93 o. re.: Milosz Maslanka/Shutterstock.com; 93 u.: Doug McPeek/Shutterstock.com; 94 u. re.: Anastasiia Kachkova/Shutterstock.com; 94 o.: Lynda M/Shutterstock.com; 94 u. li.: Andrej Safaric/Shutterstock.com; 95: Mark Mille/Shutterstock.com; 96 Mi.: Peter Turner Photography/Shutterstock.com; 96 li.: Mathisa/Shutterstock.com; 96 re.: vaivirga/Shutterstock.com; 97 o.: Manfred Ruckszio/Shutterstock.com; 97 u.: LianeM/Shutterstock.com; 98 o.: Anna Gratys/Shutterstock.com; 98 u. re.: joloei/Shutterstock.com; 98 u. li.: Maljalen/Shutterstock.com; 99: Dimmo/Shutterstock.com; 100 o.: divgradcurl/Shutterstock.com; 100 u.: Haye Kesteloo/Shutterstock.com; 101 o.: Steve Cordory/Shutterstock.com; 101 u. re.: ZoranKrstic/Shutterstock.com; 101 u. li.: J Need/Shutterstock.com; 102: Starover Sibiriak/Shutterstock.com; 103 o.: Vladimira Pufflerova/Shutterstock.com; 103 u.: Katrin85/Shutterstock.com; 104 o.: RAJU SONI/Shutterstock.com; 104 u.: Peter Turner Photography/Shutterstock.com; 105 o.: patjo/Shutterstock.com; 105 u. re.: Floki/Shutterstock.com; 105 u. li.: Edda Dupree/Shutterstock.com; 106 Mi.: Manfred Ruckszio/Shutterstock.com; 106 re.: Del Boy/Shutterstock.com; 106 li.: Oleg1824/Shutterstock.com; 107: Shebeko/Shutterstock.com; 108 o.: acidmit/Shutterstock.com; 108 u.: vero godier/Shutterstock.com; 109 o.: Robert Biedermann/Shutterstock.com; 109 u. re.: KarinaK/Shutterstock.com; 109 u. li.: R. Maximiliane/Shutterstock.com; 110: TalyaPhoto/Shutterstock.com; 111 o.: Mariola Anna S/Shutterstock.com; 111 u.: Galina Grebenyuk/Shutterstock.com; 112 o.: Vahan Abrahamyan/Shutterstock.com; 112 u. li.: Del Boy/Shutterstock.com; 112 u. re.: Vladimir Konstantinov/Shutterstock.com; 113 o.: Yulia_B/Shutterstock.com; 113 u.: Anton Zhuk/Shutterstock.com; 114 li.: spacezerocom/Shutterstock.com; 114 re.: Songyos Ruensai/Shutterstock.com; 114 Mi.: Ian Grainger/Shutterstock.com; 115: Chumphon_TH/Shutterstock.com; 116 o.: barmalini/Shutterstock.com; 116 u.: bonandbon/Shutterstock.com; 117 o.: aniana/Shutterstock.com; 117 u. re.: Shutterstock/Shutterstock.com; 117 u. li.: ioks/Shutterstock.com; 118 re.: Del Boy/Shutterstock.com; 118 Mi.: Olaf Holland/Shutterstock.com; 118 li.: Ole Schoener/Shutterstock.com; 119: Olexandr Panchenko/Shutterstock.com; 120 o.: LianeM/Shutterstock.com; 120 u. re.: Kamrad71/Shutterstock.com; 120 u. li.: Pavlo Burdyak/Shutterstock.com; 121 o.: Vsevolod Rev/Shutterstock.com; 121 u.: carpathian/Shutterstock.com; 122: Nick Pecker/Shutterstock.com; 123 o.: Real Moment/Shutterstock.com; 123 u.: Del Boy/Shutterstock.com; 124 u.: Shutterstock/Shutterstock.com; 124 o.: belizar/Shutterstock.com; 125 o.: islavicek/Shutterstock.com; 125 u. re.: Manfred Ruckszio/Shutterstock.com; 125 u. li.: Ketrin_Ti/Shutterstock.com; 126 li.: HGalina/Shutterstock.com; 126 re.: mcajan/Shutterstock.com; 126 Mi.: InfoFlowersPlants/Shutterstock.com; 127: guppyss/Shutterstock.com; 128 o.: Ian Grainger/Shutterstock.com; 128 u. re.: Lukas Budinsky/Shutterstock.com; 128 u. li.: Peter Turner Photography/Shutterstock.com; 129 o.: Matt Gibson/Shutterstock.com; 129 u.: eurobanks/Shutterstock.com; 130 re.: Ole Schoener/Shutterstock.com; 130 li.: alybaba/Shutterstock.com; 131: Tikta Alik/Shutterstock.com; 132 o.: Starover Sibiriak/Shutterstock.com; 132 u. re.: Peter Turner Photography/Shutterstock.com; 132 u. li.: Del Boy/Shutterstock.com; 133 re.: Emilio100/Shutterstock.com; 133 li.: Manfred Ruckszio/Shutterstock.com; 134: Iva Vagnerova/Shutterstock.com; 135 o.: ntonkova/Shutterstock.com; 135 u.: Peter Turner Photography/Shutterstock.com; 136 o.: Andrew Buckin/Shutterstock.com; 136 u.: Marina Lohrbach/Shutterstock.com; 137 o.: Darika Nachiangmai/Shutterstock.com; 137 u. li.: Manfred Ruckszio/Shutterstock.com; 137 u. re.: Michael Warwick/Shutterstock.com; 138 o.: Peter Radacsi/Shutterstock.com; 138 u. re.: Agnieszka Kwiecień (Nova) (https://commons.wikimedia.org/wiki/File:Waldsteinia_geoides_01.jpg), „Waldsteinia geoides 01“, https://creativecommons.org/licenses/by-sa/3.0/legalcode; 138 u. li.: mizy/Shutterstock.com; 139: HHelene/Shutterstock.com; 140 li.: islavicek/Shutterstock.com; 140 re.: Manfred Ruckszio/Shutterstock.com; 140 Mi.: Manfred Ruckszio/Shutterstock.com; 141 o.: Nicolette_Wollentin/Shutterstock.com; 141 u.: ying/Shutterstock.com; 142 re.: Breitformat/Shutterstock.com; 142 li.: Del Boy/Shutterstock.com; 143 Mi. re.: VICUSCHKA/Shutterstock.com; 143 o.: Robert Przybysz/Shutterstock.com; 143 u.: Bespaliy/Shutterstock.com; 143 Mi. li.: mizy/Shutterstock.com; 144 o.: photowind/Shutterstock.com; 144 u.: wsf-s/Shutterstock.com; 145 o.: Mykola N/Shutterstock.com; 145 u. li.: Heike Rau/Shutterstock.com; 145 u. re.: Kikkia Jackson/Shutterstock.com; 146: Alexander Raths/Shutterstock.com; 147 u.: Oleksandr Berezko/Shutterstock.com; 147 o. re.: Del Boy/Shutterstock.com; 147 o. li.: epiximages/Shutterstock.com; 148 u.: Roman Samokhin/Shutterstock.com; 148 Mi.: Nadezhda Nesterova/Shutterstock.com; 148 o.: Nikolay Dimitrov – ecobo/Shutterstock.com; 149 u.: Madlen/Shutterstock.com; 149 Mi.: Grisha Bruev/Shutterstock.com; 149 o.: Christina Richards/Shutterstock.com; 150 u.: yuris/Shutterstock.com; 150 Mi.: KliZo/Shutterstock.com; 150 o.: Benoit Daoust/Shutterstock.com; 151 u.: Lakkana Boonrat/Shutterstock.com; 151 Mi.: Pshenina_m/Shutterstock.com; 151 o.: Tadas_Jucys/Shutterstock.com; 152 u.: Inga Gedrovicha/Shutterstock.com; 152 Mi.: alicja neumiler/Shutterstock.com; 152 o.: thekovtun/Shutterstock.com; 153: Jacob Lund/Shutterstock.com; 156: Olga_Ionina/Shutterstock.com; Umschlagfotos/Shutterstock.com: Halfpoint; verca; fotoknips; Rawpixel.com; Master-L; Alla Bozhko; Lyashenko Egor; upixa